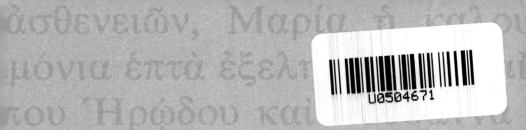

天道圣经注释

腓利门书注释

黄浩仪 著

上海三联书店

纪念
万崇仁牧师
（1953～1991）

出版说明

　　基督教圣经是世上销量最高、译文最广的一部书。自圣经成书后，国外古今学者注经释经的著述可谓汗牛充栋，但圣经的完整汉译问世迄今尚不到两个世纪。用汉语撰著的圣经知识普及读物（内容包括圣经人物、历史地理、宗教哲学、文学艺术、伦理教育等不同范畴）和个别经卷的研究注释著作陆续有见，唯全本圣经各卷注释系列阙如。因此，香港天道书楼出版的"天道圣经注释"系列丛书尤为引人关注。这是目前第一套集合全球华人圣经学者撰著、出版的全本圣经注释，也是当今汉语世界最深入、最详尽的圣经注释。

　　基督教是尊奉圣典的宗教，圣经也因此成为信仰内容的源泉。但由于圣经成书年代久远，文本障碍的消除和经义的完整阐发也就十分重要。"天道圣经注释"系列注重原文释经，作者在所著作的范围内都是学有专长，他们结合了当今最新圣经研究学术成就，用中文写下自己的研究成果。同时，尤为难得的是，大部分作者都具有服务信仰社群的经验，更贴近汉语读者的生活。

　　本注释丛书力求表达出圣经作者所要传达的信息，使读者参阅后不但对经文有全面和深入的理解，更能把握到几千年前的圣经书卷的现代意义。丛书出版后受到全球汉语圣经研习者、神学教育界以及华人教会广泛欢迎，并几经再版，有些书卷还作了修订。

　　现今征得天道圣经注释有限公司授权，本丛书由上海三联书店出版发行国内中文简体字版，我们在此谨致谢意。神学建构的与时俱进离不开对圣经的细微解读和阐发，相信"天道圣经注释"系列丛书的陆续出版，不仅会为国内圣经研习提供重要的、详细的参考资料，同时也会促进中国教会神学、汉语神学和学术神学的发展，引入此套注释系列可谓正当其时。

上海三联书店

天道圣经注释

本注释丛书特点：

- 解经（exegesis）与释经（exposition）并重。一方面详细研究原文字词、时代背景及有关资料，另一方面也对经文各节作仔细分析。
- 全由华人学者撰写，不论用词或思想方法都较翻译作品易于了解。
- 不同学者有不同的学养和专长，其著述可给读者多方面的启发和参考。
- 重要的圣经原文尽量列出或加上英文音译，然后在内文或注脚详细讲解，使不懂原文者亦可深入研究圣经。

天道书楼出版部谨启

目录

序言

"天道圣经注释"的出版是很多人多年来的梦想的实现。天道书楼自创立以来就一直思想要出版一套这样的圣经注释，后来史丹理基金公司也有了一样的期盼，决定全力支持本套圣经注释的出版，于是华人基督教史中一项独特的出版计划就正式开始了。

这套圣经注释的一个特色是作者来自极广的背景，作者在所著作的范围之内都是学有专长，他们工作的地点分散在全世界各处。工作的性质虽然不完全一样，但基本上都是从事于圣经研究和在学术方面有所贡献的人。

另外，一个值得注意的地方，是这套书中的每一本都是接受邀请用中文特别为本套圣经注释撰写，没有翻译的作品。因为作者虽然来自不同的学术圈子，却都是笃信圣经并出于中文的背景，所以他们更能明白华人的思想，所写的材料也更能满足华人的需要。

本套圣经注释在陆续出版中，我们为每一位作者的忠心负责任的工作态度感恩。我们盼望在不久的将来，全部出版工作可以完成，也愿这套书能帮助有心研究圣经的读者，更加明白及喜爱研究圣经。

荣誉顾问　鲍会园

主编序言

　　华人读者对圣经的态度有点"心怀二意"，一方面秉承华人自身的优良传统，视自己为"这书的人"（people of the Book），笃信圣经是神的话；另一方面又很少读圣经，甚至从不读圣经。"二意"的现象不仅和不重视教导圣经有关，也和不明白圣经有关。感到圣经不易明白的原因很多，教导者讲授肤浅及不清楚是其中一个，而教导者未能精辟地讲授圣经，更和多年来缺乏由华人用中文撰写的释经书有关。"天道圣经注释"（简称为"天注"）在这方面作出划时代的贡献。

　　"天注"是坊间现有最深入和详尽的中文释经书，为读者提供准确的数据，又保持了华人研读圣经兼顾学术的优良传统，帮助读者把古代的信息带入现代处境，可以明白圣经的教导。"天注"的作者都是华人学者，来自不同的学术背景，散居在香港、台湾地区以及东南亚、美洲和欧洲各地，有不同的视野，却同样重视圣经权威，且所写的是针对华人读者的处境。

　　感谢容保罗先生于 1978 年向许书楚先生倡议出版"天注"，1980年 11 月第一本"天注"（鲍会园博士写的歌罗西书注释）面世，二十八年后已出版了七十多本。史丹理基金公司和"天注"委员会的工作人员从许书楚先生手中"接棒"，继续不断地推动和"天注"有关的事工。如果顺利，约一百本的"天注"可在 2012 年完成，呈献给全球华人读者研读使用。

　　笔者也于 2008 年 10 月从鲍会园博士手中"接棒"，任"天注"的主编，这是笔者不配肩负的责任，因多年来为了其他的工作需要而钻研不同的学科，未能专注及深入地从事圣经研究，但鲍博士是笔者的"恩师"，笔者的处女作就是在他鼓励下完成，并得他写序推介。笔者愿意接棒，联络作者及构思"天注"前面的发展，实际的编辑工作由两位学有所成的圣经学者鲍维均博士和曾祥新博士肩负。

愿广大读者记念"天注"，使它可以如期完成，这是所有"天注"作者共同的盼望。

邝炳钊

2008 年 12 月

旧约编辑序

　　"天道圣经注释"的出现代表了华人学者在圣经研究上的新里程。回想百年前圣经和合本的出现,积极影响了五四运动之白话文运动。深盼华人学者在圣经的研究上更有华人文化的视角和视野,使福音的传播更深入社会和文化。圣经的信息是超时代的,但它的诠释却需要与时俱进,好让上帝的话语对当代人发挥作用。"天道圣经注释"为服务当代人而努力,小弟多蒙错爱参与其事,自当竭尽绵力。愿圣经的话沛然恩临华人读者,造福世界。

曾祥新

新约编辑序

　　这二十多年来，相继出版的"天道圣经注释"在华人基督教界成为最重要的圣经研习资源。此出版计划秉持着几个重要的信念：圣经话语在转变的世代中的重要，严谨原文释经的重要，和华人学者合作与创作的价值。在这事工踏进另一阶段的时候，本人怀着兴奋的心情，期待这套注释书能够成为新一代华人读者的帮助和祝福。

鲍维均

作者序

　　1980 年，当我还在香港基督徒学生福音团契事奉的时候，每逢周二我们都有同工早祷会。有一次，邀请来分享的讲员分析到腓利门书十至十一节中保罗的幽默感，指出新约的多样化，除了教义之外，还有作者喜怒哀乐的表现和说话。那次早祷会令我对腓利门书产生了深厚的感情，之后我曾多次仔细翻阅这卷书。

　　到了 1985 年，我在比利时进修神学期间，论文指导老师 Prof. J. Lambrecht 因事前往罗马数月，我的工作因此没有那么紧张，心中便起了替腓利门书作注释的念头。自此，我便留意与腓利门书有关的书籍和文章，而本书绪论的初稿也是在那段日子完成的。起初预计在几个月内完成，但想不到会拖延到现在才能脱稿。

　　1988 年我回到香港，在中国神学研究院事奉，之后曾多次尝试执笔，希望完成这个心愿，可惜一直都未有多大的进展。到 1989 年初，终于下定决心，专心完成这本注释书。

　　本书大略可分为"经文翻译"和"经文分析"两部分，前者着重原文的讨论，不同抄本的取舍和各中文译本的翻译比较，这部分对懂得原文的读者会较有帮助；不认识原文的读者，大可略而不读。另一方面，"经文分析"部分是针对腓利门书的背景、内容、思想脉络和一些帮助我们反省的要点，盼望这卷二千年前写成的书，在今天仍然能够适切我们的生活。

　　整本书的文稿，得到内子乃聪协助，存入电脑，方便誊改的工作，减去不少整理和重复抄写的时间。此外，她亦为我审阅和润饰文稿。全书得以顺利完成，实在要多谢她。

　　最后，我献上这本书来记念万崇仁牧师。由 1989 至 1991 年间，我与万牧师一同在中国神学研究院事奉，并且住在同一个宿舍内，他热诚爱主，给我不少的鼓励；及后万牧师与癌症对抗时所表现的信心和勇气，他看破生死，至死忠心的见证，更是我不能忘怀的。

　　　　　　　　　　　　　　　　　　黄浩仪
　　　　　　　　　　　　　　　　　1992 年 1 月

简写表

AB	Anchor Bible
ATR	*Anglican Theological Review*
BAG	见参考书目：文法书及辞典之 Bauer，W.
BDF	见参考书目：文法书及辞典之 Blass，F. and A. Debrunner
BETL	Bibliotheca Ephemeridum Theologicarum Lovaniensium
BR	*Biblical Research*
BS	*Bibliotheca Sacra*
BT	*The Bible Today*
BZ	*Biblische Zeitschrift*
BZRG	Beihefte der Zeitschrift für Religionsund Geistesgeschichte
CBQ	*Catholic Biblical Quarterly*
CC	The Communicator's Commentary
CGTC	Cambridge Greek Testament Commentary
CRINT	Compendia Rerum Iudaicarum ad Novum Testamentum
EB	The Expositor's Bible
EDNT	见参考书目：文法书及辞典之 Blaz，H. and G. Schneider
EGGNT	Exegetical Guide to the Greek New Testament
EKK	Evangelisch-katholischer Kommentar zum Neuen Testament
ESW	Ecumenical Studies in Worship
GB	Guide to Biblical Scholarship
GNC	A Good News Commentary
HT	Helps for Translators
HNT	Handbuch zum Neuen Testament
HTK	Herders theologischer Kommentar zum Neuen Testament
HTR	*Harvard Theological Review*

ICC	The International Critical Commentary
IDB	见参考书目:文法书及辞典之 Buttrick，G. A.
JBL	*Journal of Biblical Literature*
JSNT	*Journal for the Study of the New Testament*
JSNT SS	Journal for the Study of the New Testament，Supplement Series
MNTC	The Moffatt New Testament Commentary
NBD	见参考书目:文法书及辞典之 Douglas，J. D.
NCBC	The New Century Bible Commentary
NICNT	The New International Commentary on the New Testament
NICOT	The New International Commentary on the Old Testament
NIDNTT	见参考书目:文法书及辞典之 Brown，C.
NT Supp	Supplements to Novum Testamentum
NTC	New Testament Commentary
NTD	Das Neue Testament Deutsch
NTM	New Testament Message
NTS	*New Testament Studies*
RNT	Regensburger Neues Testament
SBL DS	Society for Biblical Literature Dissertation Series
SBT	Studies in Biblical Theology
SNTS MS	Society for New Testament Studies，Monograph Series
TB	*Tyndale Bulletin*
TD	*Theology Digest*
TDNT	见参考书目:文法书及辞典之 Kittel，G. and G. Friedrich
TNTC	Tyndale New Testament Commentaries
USQR	*Union Seminary Quarterly Review*
WBC	Word Biblical Commentary
ZB	Zürcher Bibelkommentare
ZNW	*Zeitschrift für Neutestamentliche Wissenschaft*
ZS	Zacchaeus Studies:New Testament

注:有下划线的为期刊。

绪 论

绪论

壹　写作背景

　　腓利门书共有三位收信人：腓利门、亚腓亚和亚基布。因为缺乏准确的资料，我们不能肯定他们之间的关系，但一般学者相信，亚腓亚是腓利门的妻子，亚基布是二人的儿子，而书中另一位重要人物欧尼西慕是腓利门的奴仆。假如我们比较腓利门书二节与歌罗西书四章十七节，又比较腓利门书十节和歌罗西书四章九节，会发觉亚腓亚和欧尼西慕在两卷书都有出现，而歌罗西书更提及二人都是歌罗西地方的人。故此，我们可以推论，腓利门和亚腓亚同样是在歌罗西居住。此外，腓利门书十九节更说明腓利门是因着保罗的工作成为基督徒。这同时告诉我们亚腓亚和亚基布二人的信主，亦与保罗有直接或间接的关系。至于欧尼西慕，相信他原来不是基督徒，后来更离开了主人，最后与正在牢中的保罗相遇。藉着这个契机，欧尼西慕便信了主成为基督徒（门10）。自从欧尼西慕信主后，他对保罗的工作有很大帮助，故此保罗十分喜爱他，而且还希望欧尼西慕能够留在他身边（门11～13）。不过，当时的奴仆被视为主人的财产，如果保罗留他在身边帮助福音工作的话，严格来说是占了腓利门的便宜，令腓利门蒙受损失。况且欧尼西慕的逃走本身也触犯了法律，所以保罗打发欧尼西慕回到主人腓利门那里去请求他宽恕，在当时来说，保罗对欧尼西慕的要求是十分重大的。就当时的法律来说，主人对待逃走的奴仆，有权作严厉的惩罚，可以监禁、鞭打、甚至处死。奴仆的主人更有权向收留奴仆的人追讨金钱上的赔偿，数额则按收留的日子和奴仆每日的工资来计算，所以保罗不但派推基古同去（参西四 7），另外还写一封信由欧尼西慕带给主人腓利门。保罗在信中希望腓利门能够原谅欧尼西慕（门 8～9），同时他亦声明自己愿意负上法律的责任，赔偿腓利门的损失（门 18～19）。在字里行间，保罗也一再暗示希望腓利门能够让欧尼西慕得自由，让他在福音工作上成为保罗的同工。

保罗这封信一直被教会保存着，这就是今天我们在新约圣经中读到的腓利门书。

贰　腓利门书与歌罗西书[①]

在保罗的书信当中，很难找到两封信的关系像腓利门书和歌罗西书那么密切。首先，写这两封信的时候，保罗身在狱中（门 1；西四 3、10、18），而这两封信的发信人都加上提摩太的名字（门 1；西一 1）。在腓利门书十至十二节提及那个一度逃走，而现在回到主人腓利门身边的欧尼西慕；歌罗西书四章九节记载他从保罗处回到自己原来的地方歌罗西去。此外，腓利门书的收信人之一亚基布（门 2），也出现在歌罗西书四章十七节之中。最后，在歌罗西书四章十至十四节记载了六个名字（亚里达古，马可，耶数，以巴弗，路加和底马），保罗代他们问候歌罗西教会的会友，而这六人中，除了耶数外，其余五人都在腓利门书廿三和廿四节出现，问候腓利门等人。根据上面的资料，我们可以作这样的结论：这两封信是保罗在同时同地写的，而书信的目的地亦相同。

除了以上我们所列举出来的相同之处外，在内容方面，这两卷书亦有互相呼应的地方。首先，我们要记得腓利门书是保罗写给腓利门，请求他以爱心原谅和接纳逃走了的仆人欧尼西慕。然后，我们翻到歌罗西书，看到保罗在三章十一节讨论到"穿上新人"（西三 10）的问题时，他指出"在此并不分……为奴的、自主的，惟有基督是包括一切，又住在各人之内"（西三 11）。接着，他用了整整一段经文去强调信徒要"存怜悯、恩慈、谦虚、温柔、忍耐的心"（西三 12），"倘若这人与那人有嫌隙，总要彼此包容，彼此饶恕；主怎样饶恕了你们，你们也要怎样饶恕人。

---

① 这段的内容主要参考 Knox，*Philemon* 34－39。

在这一切之外，要存着爱心，爱心就是联络全德的"（西三 13～14）。接着，保罗将话题转到妻子和丈夫，儿女和父母，及仆人和主人的关系上，这些家庭成员的关系保罗亦在其他经文中多次提及（弗五 22～六 9；提前二 8～15，六 1～2；多二 1～10），但比较各种关系在不同经节中所占的篇幅，不难发觉在歌罗西书三章十八节至四章一节之中，保罗对妻子、丈夫、儿女和父母的关系讲解是如何的简略，而在对仆人与主人的关系却用比例上极大的篇幅，明显地是有意强调仆人和主人的关系。综合以上对歌罗西书部分的分析，再加上我们在上一段的结论，说明腓利门书和歌罗西书的成书时间、写信和收信地点都相同，我们就很难不接受一些学者的看法，相信"整本歌罗西书差不多都笼罩在保罗对欧尼西慕的关怀之上"。②

叁　写作地点和时间

保罗写腓利门书的时候，他正在狱中，因为他在第一节自称是"为基督耶稣被囚禁"。按照教会一贯的传统，保罗当时是在罗马坐牢，除了腓利门书之外，以弗所书、腓立比书和歌罗西书都是保罗在罗马的监牢中写成的，故此合称监狱书信。这个传统的看法是可以理解的，因为使徒行传结束的时候，保罗被囚禁在罗马（徒廿八 14～31）。到了二十世纪初期，开始有学者怀疑这个传统，提出其他可能性。第一个提出来的地方是该撒利亚，因为按照使徒行传廿三章卅三节至廿六章卅二节的记载，保罗在被送往罗马之前，足有两年被囚禁在该撒利亚，故此这些书信可能是在这段时间内完成的。另外，使徒行传十六章十六至四十节亦记载了保罗在腓立比的监牢过了一个晚上。

虽然使徒行传只记载了保罗在罗马、该撒利亚和腓立比三处坐牢，但从保罗的书信里面，我们知道他入狱的次数远不止此。在哥林多后书十一章廿三节，保罗自称比那些入侵哥林多教会的假使徒多下监牢。而哥林多后书成书时，保罗还未出发到耶路撒冷，故此"多下监牢"肯定不包括保罗在该撒利亚和罗马被监禁。这表示保罗在书写哥林多后书

---

② Knox, *Philemon* 35.

之前,除了在腓立比的监牢过了一个晚上之外,还有在其他地方坐监。大部分学者认为保罗亦曾经在以弗所坐牢,[③]更有不少学者相信腓利门书是在以弗所的监牢内写成的。

以下,我们分别讨论可能是腓利门成书的地点。我们相信歌罗西书与腓利门书是同一时期的书卷,故此在讨论中,亦会加入歌罗西书的经文,希望能较肯定知道保罗执笔写这封信的地点。

(I) 罗马

不少学者仍然支持这个传统的看法,认为罗马是成书的地点。[④]他们根据使徒行传廿八章三十至卅一节的记载,指出保罗虽然身为囚犯,但也有相当的自由,他住在自己租来的房子里,可以接待来访的客人,还不受限制可以向人传福音,这环境与我们在腓利门书中所得到的印象很吻合,如果他不是在罗马,他又怎能带领欧尼西慕信主,而他四周又怎会有这么多同工和朋友呢? 此外,他对自己的处境十分乐观,相信很快便可以得到自由。另一方面,亦有学者从保罗的思想中找出证据,支持他们认为腓利门书是保罗在罗马的监狱中写成的看法,他们指出,如果拿监狱书信与一些较早期的书信比较,[⑤]监狱书信表达的思想比早期书信中的思想看来较为后期,由此可以推论出监狱书信的成书地点是罗马而不是以弗所,因为如果是在以弗所写成的话,监狱书信便比罗马书更早写成,那么我们便无法解释保罗思想的发展,反过来说,如果罗马是监狱书信的成书地点,那么不只在时间上与最后写成的一卷罗马书距离有五至七年,在空间上和生活环境上亦有很大的改变,这足以帮助我们去解释保罗思想的发展。故此,作为监狱书信之一的腓利门书,写作地点亦当为罗马。

然而,持不同意见的学者亦提出相当有力的理由,反对腓利门书是

---

③ 有关支持及反对保罗曾在以弗所坐牢的讨论,参 Guthrie, *Introduction* 472 – 478。

④ 例如 Bruce, *Paul* 396 – 399, 411 – 412;Fitzmyer 372;Getty, "Letter" 138;Lightfoot 310 – 311;Moule 21 – 25;O'Brien xlix – liii;Vincent 161 – 162。

⑤ 早期书信是指罗马书、哥林多前后书、加拉太书和帖撒罗尼迦前后书。

在罗马写成的。首先,在距离方面,歌罗西和罗马相距约有二千公里,对一个逃走的仆人欧尼西慕来说,从歌罗西逃走至罗马是不可能的,行走在两地之间有被捕的危险。此外,在保罗写这封信之前,欧尼西慕从歌罗西到达罗马,然后又从罗马回到歌罗西,保罗只是轻描淡写,提及这来回四千公里的路程,完全没有提到这是一次十分艰难的旅程,这是不能理解的。不过,我们得知,正因为遥远,所以一个正在逃走的仆人才会想尽办法逃到那里,所谓"远走高飞",凡是逃走,总是走得越远越好。此外,繁忙的大都市正是隐藏自己身份的好地方,而我们亦知道有其他逃走的仆人,千辛万苦,盼能逃到罗马,故此,我们可以说,欧尼西慕如果要尝试,并且成功地逃至罗马,也不是没有可能的。第二个怀疑腓利门书不是在罗马写成的理由是,保罗在信中说亚里达古(西四 10)和以巴弗(门 23)与他一同坐监。按照使徒行传的记载,无论在该撒利亚或罗马,坐监的都只有保罗一人,那么,他这样称呼上面两人便与他在罗马的情形不吻合。第三,从腓利门书廿二节中,保罗计划被释放后去探访歌罗西,可是,在罗马书十五章廿八节中,保罗表示他期望到了罗马之后便启程往西班牙。如果腓利门书是在罗马写成的,便表示保罗改变了原来的计划。不过,从保罗的书信中,我们知道他亦会改变自己的计划(比较林前十六 5～9;林后一 15～16,23～24)。故此,写罗马书时定下的计划,到了数年后为着其他因素而告吹也是不难理解的。

(Ⅱ) 该撒利亚

另一个可能是保罗写监狱书信的地方是该撒利亚。支持这看法的人少于支持罗马和以弗所为成书地点的人,但其中也不乏新约权威学者。[6] 从歌罗西到该撒利亚不及到罗马的距离远,一个逃走的仆人,如果单靠步行的话,该撒利亚是体力可以支持到达的地方,但要到罗马却不可能了。此外,如果监狱书信是在该撒利亚写成的话,我们也可以理解到保罗的思想发展。保罗在该撒利亚和在罗马的时间相差不过两三

---

⑥ Dibelius-Greeven 52；Kümmel，*Introduction* 347 - 348；Meyer 397；Reicke，"Caesaren" 277 - 286.

年间，就算该撒利亚是成书地点，在时空上都与罗马书等其他书信有一
段距离。

不过，这看法存在不少疑点，首先，有学者指出，保罗在该撒利亚的
日子已深知如果他被释放的话，便会落在犹太人手中，而唯一生存的
希望是往罗马（徒廿八17～22，亦参徒廿三11～13）上诉凯撒，故此这
与腓利门书廿二节的情况并不吻合，因为在该节中，保罗期望早日被
释放到歌罗西去。最后，我们很难明白为什么保罗在该撒利亚这个
小地方，身边竟有这样多同工，而当中多数又是外邦人。此外，在歌
罗西书四章三至四节，保罗请歌罗西教会的信徒为他祈祷，求神为他
"开传道的门，能以讲基督的奥秘……按着所该说的话，将这奥秘发
明出来"。从使徒行传给我们的资料，相信保罗在该撒利亚的监狱，
没有如此开放的环境去传福音。由此而论，腓利门书在该撒利亚监狱
完成的机会亦不高。

(III) 以弗所

我虽然在使徒行传找不到保罗在以弗所坐监的记载，但不少学者
仍然支持这看法，认为保罗是在以弗所的监狱中完成腓利门书。[7] 这
看法事实上亦有不少有力的论据支持。首先，在距离方面，歌罗西和以
弗所相距不过一百七十多公里，在当时，要走路也不过是八天的旅程，
对一个正在逃走的仆人来说，无疑是一个理想的地方，在腓利门书廿二
节，保罗请腓利门为他预备住的地方，因为他相信自己不久便会获得释
放，如果写信的地点是在罗马的话，两地相距甚远，这节经文看来不免
有点不合常理。但如果说这封信是从邻近的以弗所写来的话，就合情
合理得多。此外，保罗在以弗所的时候，已经是他的第三次旅程，故此，
环绕他四周都有不少外邦同工，这点亦与歌罗西书四章十至十四节和
腓利门书廿三和廿四节给我们的印象相同。最后，亦有学者指出，从歌

---

⑦ 例如 Barclay, "Paul" 163 注 9；Church, "Structure" 20；Gnilka 4 - 5；Harrison,
"Onesimus and Pilemon" 271 - 274；Lohse 188；Martin 26 - 32；Stuhlmacher 21；
Wright, "Putting Paul Together Again" 183。

罗西书显示,那地的教会是一间新成立的教会,故此歌罗西书的成书地点较可能是以弗所而不是罗马。如果写信的地点是以弗所的话,这封信与教会成立的日子相隔不过三年,但如果这封信是在罗马写成的话,相隔的日子便有十年之久。

正如其他两个看法一样,这理论亦遇到一些不容易解答的难题。这问题涉及使徒行传作者的问题。在使徒行传有三处地方(十六 10～17,二十 5～廿一 18,廿七 1～廿八 16)突然从第三者的叙述转变为第一人称复数的叙述。举例来说,在使徒行传十六章八至十节"**他们就越过每西亚,下到特罗亚去。在夜间有异象现与保罗⋯⋯保罗既看见这异象,我们随即想要往马其顿去,以为神召我们⋯⋯**"。对这两种不同的叙述手法,最自然的解释是认为撰写这三段经文时,使徒行传的作者与保罗在一起。反过来说,除了这三段经文之外,其他经文提及的事情发生的时候,使徒行传的作者就并不在场。如果我们将这点连上使徒行传所提及的地点来看,我们可以推论说,使徒行传的作者在保罗第二次宣教旅程到达特罗亚的时候参加了保罗的宣教队伍,一直到了腓立比才留下来,没有随保罗继续前进。之后,到保罗第三次宣教旅程再次到腓立比的时候,他重新加入宣教的队伍,陪伴保罗到耶路撒冷。我们不清楚保罗在该撒利亚被囚禁的日子他在什么地方,但根据使徒行传的记载知道他与保罗一起往罗马去。另一方面,我们可以相信使徒行传的作者正如传统一向认为的是路加医生。⑧ 回过来看腓利门书写作地点的问题,从腓利门书廿四节一群问安的人中,我们找到路加的名字(亦参西四 14),表示写这封信的时候,路加与保罗在一起,不过从使徒行传的记载,保罗在以弗所的日子,路加并没有与他在一起,因为从使徒行传十九章一节至二十章一节,是用"他们"而不是"我们"来作叙述,显示作者路加并不在场。反过来说,"我们"的地方指出,路加与保罗一起在罗马。这是最有力的证据去怀疑腓利门书的写作地点是以弗所的看法。

---

⑧ 因为篇幅与内容范围所限,我们不能对这问题作进一步的讨论,对这个问题有兴趣的读者,可参 Fitzmyer, *The Gospel According to Luke* I 36 - 53。

(IV) 结论

综合以上三方面的讨论,我们很难断言哪一处是腓利门书的写作地点。我认为最大的可能性是罗马,因为我们相信欧尼西慕遇见保罗的时候,并没有被捕,否则他会被送回腓利门那里,没有机会与保罗在一起。换句话说,保罗当时身为囚犯,但仍然有机会与监房外面的人接触,并向他们传福音,故此他才可以说欧尼西慕是他在囚禁时所生的儿子(门10)。使徒行传廿八章三十至卅一节描述的正合乎这环境,如果采纳其他的地方作为写作地点,则我们必须假设保罗被监禁的环境与他在罗马的环境相似,否则很难对第十节作出合理的解释。而这样巧合的机会相信不高。然而,这看法亦有未完善的地方。故此在接纳罗马为写作地点的同时,亦不能断言绝无可能在其他两地成书。正如一位学者所说:"从我们手上所有的资料,不可能获得绝对肯定的答案,这只是机会大小问题,无论我们最后得到怎样的结论,也不能排除其他可能性。"[9]

最后,让我们简单讨论一下腓利门书的写作日期,不用细说,写作日期与写作地点有十分密切、不可分割的关系,正如我在前面所说,腓利门书的写作地点有三个可能,故此腓利门书的写作日期亦有三个可能。首先,假若腓利门书是在罗马写成的话,成书日期便会是主后60至61年之间。假若腓利门书是在该撒利亚写成的话,写作日期便会提早至主后57至59年期间。最后,如果以弗所的监狱是腓利门书成书的地点,写作日期便会提早至主后55年了。我们在前面说腓利门书最可能是在罗马完成的,故此腓利门书的写作日期亦最可能在主后60至61年之间。

肆　腓利门书与早期教会史

腓利门书告诉我们的,是一个未完成的故事,从保罗在书中的说

---

[9] Robinson, *Redating* 57.

话，我们知道欧尼西慕信主后，保罗打发他和推基古带着歌罗西书和腓利门书回到歌罗西，到欧尼西慕的主人腓利门身边。保罗在腓利门书中替欧尼西慕求情，请腓利门原谅欧尼西慕的过错，在字里行间，更求腓利门让欧尼西慕脱离奴隶的身份，全时间在传福音的工作上帮助保罗。不过，在腓利门书，甚至在新约其他书卷，我们都找不到任何蛛丝马迹，可以让我们知道腓利门对保罗给他的信有什么反应，我们不知道腓利门是饶恕欧尼西慕，让他回到保罗身边，还是把他留在家中，甚至惩罚他，要他补偿以往的过错。

不过，当我们翻开教会历史，特别是早期教父的著作，倒会找到一些令人振奋的记载。在主后 107 年，安提阿主教伊格那丢（Ignatius）被安提阿政府带到罗马，准备殉道。他在途中有机会在一处离以弗所约六十四公里叫士每拿的地方停留几天，并且得到士兵的允诺，让他与四周的信徒和主教见面，接受他们的探问。有机会与他聚首交通的，有来自以弗所教会的主教和信徒。伊格那丢更写了一封信给以弗所教会的信徒，交给主教带回以弗所。伊格那丢在信中一再提及以弗所的主教，还用了不少篇幅去称赞他。这个主教的名字刚好也叫欧尼西慕。究竟两个欧尼西慕是否同一人呢？有些学者认为二者不可能是同一人，他们相信到了主后 107 年，腓利门书所提及的欧尼西慕已经去世。不过，我们认为这推测是不恰当的。按照我们在前面讨论所得的结论，腓利门书很可能是在主后 60 年间写成，假若当时欧尼西慕是一个二十来岁的青年，到了主后 107 年，他也不过是六七十岁，故此我们认为腓利门书所提及的欧尼西慕，与以弗所主教欧尼西慕，很可能是同一人。此外，有学者指出，在伊格那丢写给以弗所的信中，不少地方作者似是有意仿效腓利门书的语调，[10]为什么伊格那丢会刻意这样做呢？一个最合理的解释，相信是因为在伊格那丢的心目中，以弗所的主教就是腓利门书中所提及的欧尼西慕了。由此而论，我们有理由相信当腓利门收到保罗写给他的信之后，不但原谅了欧尼西慕，并且还让他加入保罗的宣教行列，就是在保罗殉道之后，欧尼西慕仍然坚守自己的岗位，后来

---

⑩ 参 Knox，*Philemon* 99－102；Knox 558。

更为以弗所教会的主教。

　　现在,让我们再来讨论一个鲜为人注意的问题,就是为什么腓利门书会一直被保存下来,还被列入正典。当然,凡是保罗的书信,相信都会被信徒珍惜,此外,正典的确立亦蒙神恩手的带领,但假若我们翻开保罗其他书信,会发现从他手上发出的书信,实在超过我们现有的十三封信。老底嘉书遗失了(西四 16),还有两封写给哥林多教会的信也同样遗失了(林前五 9;林后二 4,七 8),为什么腓利门书这一卷没有讨论教义问题,只是写给腓利门讨论关于他的奴隶欧尼西慕问题的信,却幸运地保存下来,成为了保罗书信的一部分呢? 就是在教父耶柔米(Jerome)口中,我们也知道早于第四世纪,已有不少信徒质疑为什么腓利门书这卷如此平庸的书信,会被列入新约正典之中。

　　假若我们再翻开教会历史文献,便会帮助我们找出答案。从早期教父的著作,我们相信早于第一世纪末,保罗的书信已被结集在一起,以求保存下来,让教会抄录。不少学者相信搜集保罗书信的工作是在以弗所进行并完成的。⑪

　　假若我们接受以上的假设,认为保罗的书信是在以弗所收集整理的,又假若我相信欧尼西慕当时是以弗所主教的话,腓利门书被列入保罗书信集的原因便显而易见了。藉着腓利门书,欧尼西慕获得可贵的自由,并且得以加入保罗的宣教行列,之后更成为以弗所的主教,这封信肯定被欧尼西慕所保存及珍惜,而当搜集保罗书信的工作在以弗所开始的时候,身为以弗所主教的欧尼西慕必定是其中一位主要的策划和推动者,顺理成章地,欧尼西慕会把他所珍惜并保存着的腓利门书放入书信集中,后来保罗的书信集更被教会接纳为新约二十七卷书中的一部分。

　　总括来说,经历了历史的演变,不少保罗的书信都不幸遗失了,但因着欧尼西慕,因着他与腓利门书的关系和感情,这一封简短平淡的书信得以保存下来,使我们看到保罗的另一面,他的幽默感,他的说服力,他对朋友的关顾,和他对责任的承担。

---

⑪ 不用细说,有关早期教会的认识都只是假设性的,故此也有学者相信保罗的书信集是在哥林多和埃及的亚历山大编集成书的。

注释

壹　问安
（1～3）

¹ 为基督耶稣被囚禁的保罗，和提摩太弟兄，写信给我们所爱的弟兄和同工腓利门，

² 和亚腓亚姊妹，并我们的战友亚基布，以及在你家里的教会。

³ 恩惠、平安从我们的父神和主耶稣基督临到你们。

经文翻译

　　1　"为基督耶稣被囚禁的保罗"　在腓利门书中，作者保罗自称是一个"为基督耶稣被囚禁"的人。在中文里，"被囚禁"是被动词，但希腊文圣经用的却是名词"囚犯"（desmios）。这一节经文若从原文直译过来，就是"保罗，基督耶稣的囚犯"（Paulos desmios Christou Iesou）。现代中文译本和吕振中译本都能够把原文的表达保存下来。①

　　保罗从没有在其他书信的卷首自称是"囚犯"，他常常称自己为"仆人"（罗一1；腓一1；多一1）或"使徒"（罗一1；林前一1；林后一1；加一1；弗一1；西一1；提前一1；提后一1；多一1）。故此，在两份十一世纪编号分别为 323 及 945 的抄本中，抄写圣经的人都以"仆人"代替"囚犯"。一份编号 D 的六世纪抄本亦以"使徒"取代"囚犯"。另外，还有一份十四世纪的抄本 629，更同时称保罗为"囚犯"和"使徒"。

　　虽然上述几个抄本把"囚犯"改为"仆人"或"使徒"，但我们可以肯定，保罗在腓利门书里确实自称为囚犯。我们有两个理由支持这个看法。首先，在芸芸不下五千份抄本当中，只有上述极少数抄本以"仆人"或"使徒"代替"囚犯"，其余大部分抄本仍以"囚犯"作为保罗的自称。故此，从数量方面来看，支持译作"囚犯"的抄本占了大多数。就抄本的质素来说，以上提及的抄本大部分都是由十一世纪到十四世纪的文献，

---

① 参现中："我是保罗，我为了基督耶稣的原故成为囚徒"，和吕译："基督耶稣的囚犯保罗"。

属于晚期抄本,只有 D 来自第六世纪。就抄本的年期来说,即使是第六世纪的作品也说不上是早期文献,况且 D 这份抄本的抄写准确程度也不高,故此,从抄本的外在因素来推论,"仆人"和"使徒"都不可能是出自保罗的手笔,相信多数是抄写的人在有意无意间换上去的。另一方面,也要考虑抄者的抄写习惯及心理因素。一些熟读圣经的抄写者,当然会知道"仆人"和"使徒"都是保罗在问安语中常用的自我称呼,故此放在他们面前的蓝本虽然明明写着"囚犯"这个字,他们也会不经意地错误写上"仆人"或"使徒"。另外,他们亦有可能以为面前记在蓝本上的"囚犯"是前人抄写的错误,而"仆人"或"使徒"才是正确的,他们会毅然把"囚犯"改为"仆人"或"使徒",还以为自己替前人改正错误呢!反过来说,如果在抄写者面前的蓝本原是写着"仆人"或"使徒",相信没有抄者会把"囚犯"这个没有在其他书信卷首出现过的称号用来代替"仆人"或"使徒",因为这两个称呼才是保罗常用的。所以,根据内在因素,我们可以肯定地说,保罗在腓利门书里是用"囚犯"这个不常用的称呼来描述他的身份。

我们在前面说过,"为基督耶稣被囚禁"在原文是"基督耶稣的囚犯"。在希腊文圣经里,"囚犯"(desmios)是主格(nominative case),"基督耶稣"(Christou Iēsou)是所有格(genitive case)。所有格通常表示拥有的意思(genitive of possession)。在罗马书一章一节,腓立比书一章一节,保罗自称为"基督耶稣的仆人";在哥林多前书一章一节,哥林多后书一章一节,以弗所书一章一节,歌罗西书一章一节,提摩太前书一章一节和提摩太后书一章一节,保罗称自己为基督耶稣的使徒,每次提到"基督耶稣",都以所有格形式出现。部分学者认为,在这几节经文中,全部的所有格都明显地带着拥有的意思。仆人和使徒的身份都属于耶稣基督的,是基督耶稣所拥有的。因此在腓利门书中"基督耶稣的囚犯"也可以解释说这个囚犯是属于基督耶稣的。换句话说,基督耶稣是这囚犯的主人。思高译本和吕振中译本都接纳这解释,分别将 Paulos desmios Christou Iēsou 翻译为"基督耶稣的被囚者保禄"和"基督耶稣的囚犯保罗"。

不过,我们却支持其他大部分中文译本的看法,认为 Christou Iēsou 的所有格不是指拥有,而是指来源(genitive of source)。保罗的囚犯身份源于基督耶稣,换句话说,保罗是为了基督耶稣的原故才成为阶下囚。我们将 Paulos desmios Christou Iēsou 翻译为"为基督耶稣被囚禁的保罗"。[2] 不错,这不是信首问安语中最常见所有格的用法,但在句子结构和用字上,腓利门书十三节的 en tois desmois tou euaggeliou("在我为福音被囚禁时")与第一节的 desmios Christou Iēsou 十分接近,而十三节中"福音"(tou euaggeliou)亦以所有格的形式出现,但这所有格不可能是指拥有,而应该是指来源的,因为上下文都显示 en tois desmios tou euaggeliou 不应译作"在我作为一个属于福音的囚犯";较合理的翻译是把 tou euaggeliou 译为"为福音",把 en tois desmios tou euaggeliou 译为"在我为福音被囚禁时"。推论过来,第一节的 desmios Christou Iēsou 就应该译为"为基督耶稣被囚禁的保罗"。[3]

　　"写信给我们所爱的弟兄和同工腓利门" "写信给我们所爱的弟兄和同工腓利门",在新译本是"写信给我们所爱的,又一同作工的腓利门",在和合本则为"写信给我们所亲爱的同工腓利门"。如果我参考原文圣经,将这句话从希腊文直译成中文,就是"给腓利门,我们所爱的和同工"(Philēmonitō(i) agapētō(i) kai sunergo(i) hemon)。首先,原文里显然没有"写信"二字,这是译者后来加上使译文更畅顺。新约时期的书信往来,很多都采用这种格式,发信人的名字用主格,受信人的名字用间接受格(dative case),所以在这里不再讨论。

　　值得注意的是 agapētō(i) 和 sunergo(i) 的翻译问题。新译本的翻译,分别是"所爱的"和"一同作工的"。在中文文法上,二者都是形容词,描述腓利门是保罗"所爱的"并与他"一同作工的"的人。[4] 但在希腊文圣经里,前者是形容词,后者是名词,故此新译本把二者同时译成

---

② 参和合,新译,当圣,现中的翻译。此外,亦参考 *RSV*。

③ 参 Bruce 205;Harris 244;Hendriksen 209;Kittel, "desmos" in *TDNT* 2(1964)43 注 2;Vincent 179。这几位学者认为 desmios Christou Iēsou 有两个含义,一方面保罗是属于基督的囚犯,另一方面他又是一个为基督耶稣而被囚禁的人。我们不反对这个句子理论上可以带有上述两个意义,因为在文法上,两个解释都可以成立。不过,以同书十三节的文法结构及解释来说,翻译 desmios Christou Iēsou 作"为基督耶稣被囚禁的人"较为恰当。

④ 参文理:"书达所爱同劳之腓利门"。

形容词,虽然大致上没有改动这节经文的含义,但严格来说就不够准确。

乍看起来和合本的翻译似乎较能保存原文圣经的文法结构,我们分析"所亲爱的同工"这句话,便会发现"所亲爱的"是形容词,"同工"是名词,前者形容后者。⑤ 不过,"同工"在原文圣经与"所亲爱的"之间有一个常常翻译为"和"的连接词 kai。故此,"所亲爱的"不可能用来形容"同工"。⑥ 基于这个理由,我们认为和合本的翻译也有不恰当之处。

根据这节经文的结构和希腊文的文法,最合理的解释是把"所爱的"这形容词的作用等同于名词的作用。有文法学者指出,无论是新约圣经或是比新约圣经更早期的文献,都有很多以形容词作名词运用的例子。⑦ 其实以形容词作名词运用只不过是由读者在形容词后面自行加上一个个人认为恰当的名词而已。但在中文文法结构上,却不容我们把形容词悬空,由读者自己加上一个合适的名词;所以在翻译上,为了使中文流畅,我们在"所爱的"后面加上"弟兄",使句子变成"所爱的弟兄"。⑧

在前文提及第六世纪的抄本 D,抄者同样加上"弟兄"(adelpho(i))一词。另外一份第四世纪称为安波罗修(Ambrosiaster)的拉丁文保罗书信注释,和一份第八世纪编号 b 的拉丁文圣经抄本,都在"所爱的"之后加上"弟兄"一词。不过,因为绝大多数的抄本都没有"弟兄",故此相信这是原来没有,而由后来的抄者加上的。

我们还要留意一点,在希腊文圣经中"所爱的"和"同工"二词合用一个冠词(article),这类句子结构,表示在作者心中,"所爱的"和"同工"之间含义虽然不同,但二者的关系却十分密切。可惜,经过翻译就无法把原文的韵味保存下来。

最后,保罗在信中称腓利门为"我们"所爱的弟兄和同工,"我们"一词翻译自原文中的代名词 hēmōn。作者将代名词放在句子最后,所指

---

⑤ 参思高、当圣、现中的翻译。

⑥ 参 Harris 245。

⑦ 参 Robertson, *Grammar* 652。

⑧ 参吕译:"给我们的亲爱者和同工腓利门"。亦参 *NAS*:"to Philemon our beloved brother and fellow worker"。

的不只是紧贴在前面的"同工"，连距离较远的"所爱的"也包括在内。一般译本也是按这分析来翻译，只有文理和合本把这代名词略而不译，成为"书达所爱同劳之腓利门"。文理和合本为什么不译这个字我们不得而知，或许是译者用作蓝本的圣经抄本原来已经缺少这个字。但这也不过是猜想，并没有什么根据。不过，如果否定了这假设，我们亦找不到其他理由解释文理和合本的翻译。

　　2 "和亚腓亚姊妹，并我们的战友亚基布" 将"亚腓亚姊妹，并我们的战友亚基布"这段译文与其他中文译本比较，⑨会发现各译文的含义大致相同，只在行文和用字上有些微差异。⑩ 不过，与英文译本比较，便会看到显著的不同。在中文译本上，"我们的"只出现一次，形容保罗的战友亚基布，在部分英文译本中，"我们的"除了形容亚基布之外，也用来描述亚腓亚。换句话说，"我们的"在一些英文译本中出现了两次，一次形容亚基布，一次形容亚腓亚。⑪

　　"我们的"是译自原文圣经的一个代名词 hēmōn，这代名词在句中只出现一次，位于句子的最尾。⑫ 按照希腊文句法的结构，"我们的"不单可以描述"战友亚基布"，即使用来形容距离远一点的"亚腓亚姊妹"亦无不可，与文法并无冲突。正如在第一节，"我们的"不单用来形容"同工"，也用来形容"同工"前面的形容词"所爱的"。不过我们认为较恰当的翻译，是局限"我们的"的作用只在"战友亚基布"上，而不包括"亚腓亚姊妹"。本节经文的结构与上节不同，在第一节，"所爱的"和"同工"之间的关系非常密切，二者合用一个冠词，又同时描述保罗与腓利门之间的关系，但在第二节，"亚腓亚姊妹"和"战友亚基布"属于两个不同单元，分别拥有自己的冠词，不单在意义上独立，关系上亦不密切。故此，"战友亚基布"后面的代名词，只用来形容亚基布，而不描述远一

---

⑨ 这句的翻译是完全依照新译本的译文。

⑩ 参和合，思高，当圣，现中，吕译的译文。文理的翻译与上列的译本有显著不同的地方，这点我们会在下面讨论。

⑪ 参 *RSV*："and Apphia our sister and Archippus our fellowsoldier"。亦参 *NAS* 和 *NIV* 的翻译。

⑫ "和亚腓亚姊妹，并我们的战友亚基布"的原文是 kai Apphia(i) tē(i) adelphē(i) kai Archippō(i) tō(i) sustratiōtē(i) hēmōn(i)。

点的"亚腓亚姊妹",其实是比较恰当的。

有些学者认为"姊妹"之前的冠词 tē 带有"我们的"意思,[13]故此在翻译的时候,虽然代名词 hēmōn 只形容"战友亚基布",但在"亚腓亚姊妹"之前,还是要加上"我们的"。我们并不同意这见解,因为冠词虽然在某些情况下可以有代名词的作用,[14]但假如我们以代名词"我们"来翻译"姊妹"前的冠词 tē,便显得有点牵强。

最后,文理和合本对这节的翻译也有特别的地方,译文的下半"与我同伍之亚基布"用第一人称单数代名词"我",而其他译本却用第一人称复数代名词"我们"。或许文理和合本的译者所用的希腊文圣经是写上第一人称单数代名词 mou,而不是第一人称复数代名词 hēmōn。不过,这也是有待验证的假设。[15]

3 "恩惠、平安从我们的父神和主耶稣基督临到你们" 所有保罗书信的卷首问安语,在原文都没有动词,因此每当在教会诵读他的书信,或是由信徒个人阅读的时候,都需要由会众或读者在脑海中给这问安语加上适切的动词。

各中文译本因着中文句子体裁的需要,给问安语加上"临到"(新译),"归与"(和合、文理)或"赐与"(思高、当圣、现中)等动词。[16] 以上各词在含义上大同小异,而且亦与上文下理吻合,故此采用哪一种翻译都没有关系,重要的反而是要为所用的词语选取一种合适的语气。各中文译本都以"愿"一字来开始这句话,表示各译者认为,那个存在读者心中的动词是用祈愿式语法(optative mood)来表达的。这看法广泛得到学者的支持。有学者在讨论腓立比书的卷首问安语时指出,"以弗所书一章一至三节一段与彼得前书一章一至三节一段在体裁上颇为相

---

[13] 参 Lenski 954:"The Greek uses only the article 'the sister' which has the sense of the pronoun 'our'"。此外,亦参 Harris 245。

[14] 参 Dana and Mantey,*Grammar* §148。

[15] 在第三节,文理本也是以"我父"来代替"我们的父"。因这与第二节的情况类同,故此我们将不会作讨论。

[16] 因为中英文句子在结构方面不同,故此 *NAS*,*NIV* 和 *RSV* 等常用的英文译本都没有加上动词。例如,*RSV*:"Grace to you and peace from God our Father and the Lord Jesus Christ"。

似,而后者的问安语是用愿望语气的动词表达的,因此我们也许可以由此推论,保罗的问安语其实隐含了愿望语气的动词,只不过他没有明写出来而已"。⑰ 另外亦有学者指出,按照犹太和希腊的书信格式,一般祷文都以祈愿式语法表达,而在七十士译本和新约圣经中,很多问安语和祝福都以祈愿式语法表达,故此,保罗在各书信卷首的问安语,虽然没有写上动词,但在读者脑海浮现出来的应是祈愿式语法的动词。⑱

也有不少学者支持另一种看法,认为加上去的动词应该是用直说式语法(indicative mood)。学者分析新约中的颂赞、祝福和问安句子,发现其中五十处没有写上动词,十一处用祈愿式语法(imperative mood)的动词,而用直说式语法动词的,有十六处之多。⑲ 故此,读者心目中的动词很可能是用直说式语法的。⑳

单就新约书信中的卷首语来说,虽然彼得前书一章二节,彼得后书一章二节和犹大书二节所用的都是祈愿式语法的动词,但约翰贰书三节的动词 estai 却是未来时态直述式语法的动词,故此,在早期读者的心中,每当念到保罗书信卷首问安语时,心中浮现出来的很可能是一个用直说式语法出现的动词,而不一定是祈愿式语法和命令式语法的动词。㉑

既然所有保罗书信的卷首问安语都没有动词,而在新约其他书信

---

⑰ 冯荫坤,《腓立比书》77。

⑱ 参 Wiles, *Paul's Intercessory Prayers* 36–38。

⑲ 参 Moule, *Worship* 79;注 1:
　　"没有动词:路一 68;罗一 7,九 5,十五 33,十六 27;林前一 3,十六 23～24;林后一 2,十三 14;加一 3、5,六 16、18;弗一 2～3,三 20～21,六 23～24;腓一 2,四 23;西一 2,四 18;帖前一 1,五 28;帖后一 2,三 18;提前一 2、17,六 16、21;提后一 2,四 18、22;多一 4,三 15;门 3、25;来十三 21、25;彼前一 3,五 14;彼后三 18;约叁 14;犹 24～25;启一 4、6,五 13,七 12,十五 3,十九 1,廿二 21。
　　祈愿式语法和命令式语法动词:太六 9、10;罗十五 13;帖前三 11～12,五 23;帖后二 16、17,三 5;来十三 20、21;彼前一 2;彼后一 2;犹 2;启十九 7。
　　直说式语法动词:太六 13;林后十一 31;腓四 11,五 9、12,十一 15、17、18,十二 10～11,十五 3,十九 1～6。
　　Moule 的分析是取材自荷兰学者 Van Unnik 的研究,可惜我们无法参考到后者这份作品。此外,我们在上面只是将 Moule 引述的经文直接转引而未经详细的核对。

⑳ 有关对 Moule 看法的回应,参 Wiles, *Paul's Intercessory Prayers* 36–37;注 4。

㉑ 有关 estai 的解释,参 Brown, *The Epistles of John* 659。

的卷首语中,祈愿式语法和直说式语法的动词均有出现,故此不可能断言应该或不应该加上某一种语法的动词。[22] 如果加上去的是直说式语法的动词,我们会同意学者的见解,认为这并不表示保罗运用一个平铺直述的句子描述恩典和平安临到读者,相反地,这是一句肯定的话,宣称神恩的临在。[23] 另一方面,祈愿式语法的动词也并非表达一个只是挂在唇边的客套话。要留意的,是在新约时代,恩典的降临不是一个空洞、没有实现机会的愿望,而是肯定的确信,保罗祝福信徒并宣告恩典和平安从神和耶稣临到他们当中。因此我们在翻译时刻意不加上"愿"字,是要提醒读者这不是一个期望,而是一项宣告。

经文分析

今天,不管在东方或是西方,朋友间书信往来中,发信人的名字总是放在整封信最后的地方,而收信人的名字却放在信首。在收信人名字之后,通常会再加上问安语,例如"主内某某弟兄,你好,今天收到来信……"。新约时代,希腊的书信格式与今天我们使用的不大相同,当时的人多数把发信人的名字放在信的开首,然后是收信者的名字,接着也会加上一句问安语,按照这个次序,信函通常是这样开始的:"甲致乙,安好"。在新约圣经中,使徒行传十五章廿三节和廿三章廿六节,雅各书一章一节都保持着这种书信格式。

因为保罗是新约时代的人,故此他写给各教会的信,亦依照当时流行的希腊书信格式。[24] 不过,保罗也没有一成不变地遵从旧日的格式,他巧妙地改动了传统的格式,令他的书信蕴涵着基督教信仰的特色。[25]

1 "为基督耶稣被囚禁的保罗" "保罗"是罗马人的名字,原来是"细小"的意思。[26] 按照教会早期的传统,保罗是秃头的,而且双脚弯

---

[22] 参 Wiles, *Paul's Intercessory Prayers* 38。

[23] 参 Wiles, *Paul's Intercessory Prayers* 37。

[24] 有关保罗书信格式是受希腊的影响或是受东面亚细亚的影响,参 Cranfield, *Romans* I 45 – 47。

[25] 有关保罗如何将旧有的书信问安格式加入基督教信仰,参 Doty, *Letters* 22 – 47。

[26] 参 Hemer, "Name" 183。

曲、个子矮小。㉗ 这样看来，他的名字与外形十分配合，不过，我们相信
这是巧合而已，父母给他取名"保罗"，并非因他出生的时候体形特别细
小。保罗是罗马公民（徒二十 27），按照当时罗马公民的命名习惯，整
个名字会包括三部分：个人名字（praenomen），族名（nomen），以及家
庭名字（cognomen）。"保罗"很可能是家庭名字，因为习惯上是不会将
三个名字一并称呼的，㉘如果单选叫一个名字，多会选择家庭名字。除
了上述三个名字之外，罗马公民可能还有第四个名字，这是一个非正式
的、较亲昵的名字。使徒行传十三章九节以前，一直称保罗为扫罗，㉙
"扫罗"极可能就是父母给他取的非正式的名字。㉚ "扫罗"是一个希伯
来名字，原意是"求问"、"归与"。㉛ 虽然"保罗"（Paulos）是罗马名字，而
"扫罗"（Saulos）是希伯来名字，但当两个名字都以希腊文写出来的时
候，它们之间无论在读音或是外形上都很相似。因此，我们不难想象，
一个名叫保罗的罗马籍犹太人，当他的父母为他选择非正式的名字时，
会采用"扫罗"这个希伯来名字，就像今天在华人社会中，名叫"爱莲"的
女子会取"Irene"为英文名字，而名叫"戴维"的男子选择英文名字时，
很多人都会选用"David"。

保罗在罗马书十一章一节和腓立比书三章五节骄傲地称自己属于
便雅悯支派。便雅悯族出生过不少大能的勇士，很多都像士师以笏一
样，以左手灵敏见称。㉜ 在保罗体内，或许有多用左手倾向的遗传因子
存在，不过，他是否一个惯用左手的人我们就不得而知了。在便雅悯族
的历史中，最负盛名的要算是扫罗王了，他是以色列人的第一个帝王，
不过他后来跌倒，被神厌弃（撒上十五 10～11、23、廿八 15～29），故此
有学者认为，"在虔诚的犹太人眼中，扫罗王不会是个使人引以为荣的

㉗ 参 Dodd，"Mind I" 67。此外，亦参 Malherbe，"Description" 165－170。

㉘ 徒十三 7 记载了一位名叫士求保罗的方伯，"士求"和"保罗"相信分别是这位方伯的族名
和家庭名字。参 Van Elderen，"Archaeological Observations" 151－156。

㉙ 徒七 58，八 1、3，九 1、8、11、22、24，十一 25、30，十二 25，十三 1、2、7。

㉚ 参冯荫坤，《腓立比书》62－63。

㉛ 参 IDB IV 228 s. v. "Saul Son of Kish"。

㉜ 参 NBD 141－142 s. v. "Benjamin"。

人物"。㉝ 不过,既然在新约时代仍然有人以"扫罗"命名,显然在第一世纪,扫罗在不少以色列人心中,仍是一位受尊敬的君王。

在其他书信中,保罗在卷首总是称自己为"仆人"或"使徒",只有在腓利门书,他才自称是一个为基督耶稣被囚的人。有些学者指出,保罗当时是一个自由、不被约束的人,否则,我们很难想象他怎会去接待在逃的欧尼西慕。故此,他们认为"被囚禁"其实是喻意式的,可能是形容保罗受着工作的束缚而未得自由。而在第廿二节保罗期待的"释放"也是喻意式的,保罗因完成了工作而被释放出来。㉞ 不过,支持这解释的理由并不足够。首先,保罗确实是有多次坐牢的经验,故此当他自称是一个被囚禁的人时,我们不应该怀疑当时他不是在监牢里。其次,在腓利门书第廿三和廿四节中,他刻意分开以巴弗和马可等人的身份,前者是与他一同坐牢的人,后者是他的同工。所以,一同坐牢的人与同工是绝不相同的。保罗既自称是一个被囚禁的人,我们就不应加以喻意化,我们相信他当时确实是被囚禁在监房里。

保罗在信中突然放弃了惯用的称呼,不以自己为仆人和使徒,而自称是一个为基督耶稣被囚禁的人,相信是有原因的。一些学者指出,因为保罗在信中请求腓利门帮忙,故此不愿拿出他使徒的身份和权柄来;㉟ 亦有学者认为,腓利门书是一封朋友间往来的书信,与保罗其他书信的性质不一样,故此保罗不像在其他书信上一样,称自己是使徒或仆人。㊱

我们认为以上两个解释都是正确的,但我想在这里再补充一点,尝试找出保罗使用这个独特的称号的正面功用。保罗在信中请求腓利门为着基督的原故,饶恕逃走了的奴仆欧尼西慕,甚至给他自由,让他去帮助保罗宣教的工作。因此,保罗一开始写信,便指出自己是因为基督而成为囚犯,失去自由。从这角度来看,保罗请求腓利门放弃自己曾拥有过的奴仆并让他自由,实在不算过分,而腓利门在物质上的损失,比

㉝ 冯荫坤,《腓立比书》348。此外,参 Bruce, *Paul* 37。

㉞ 参 Goodenough, "Paul and Onesimus" 182 – 183。

㉟ 参 Bruce 205;Barclay 317;Caird 218;Harris 244;Lightfoot 332;O'Brien 272。

㊱ 参 Meyer 415;Muller 173;Vincent 175。

较保罗因坐牢造成心理和肉体上的损失，也显得微不足道。[37] 假若我们从另一个角度来看保罗的自称，会发觉因为保罗是一个失去了自由的囚犯，故此能够设身处地去同情失去自由的奴隶欧尼西慕；而保罗又是为了基督耶稣而牺牲被下在监里，故此亦能请求腓利门为了福音的原故牺牲，饶恕犯错的仆人欧尼西慕。以身作则，不空谈理想及只会叫别人作牺牲，是保罗给今天信徒的一个好借鉴。[38]

"和提摩太弟兄" 保罗经常在信首问安语中加上他身旁信徒和其他人的名字，一同向收信者问安（林前一 1；林后一 1；腓一 1；西一 1；帖前一 1；帖后一 1）。[39] 虽然保罗习惯这样做，但有些学者指出，在新约时期，除了保罗的书信，就只有在一封写给西塞罗（Cicero，主前 106 - 53）的信中，才有不止一个发信人在卷首语中出现。[40] 在腓利门书一节，保罗在发信人中加上提摩太的名字，但在第四节开始，便以第一人称单数来写这封信，在第九和十九节中，保罗只提及自己的名字，并没有提到其他人，由此可见，虽然在一至三节的问安中加上提摩太的名字，整卷腓利门书仍是保罗以个人身份撰写，提摩太并没有参与。

提摩太的名字在哥林多后书、腓立比书和歌罗西书的问安语中出现，而在帖撒罗尼迦前后书中，除了提摩太外，问安语中还加上西拉的名字。有些学者认为，在问安语中加上其他人的名字，是要加强那卷书信的权威，[41]不过，保罗在腓利门书里并没有刻意强调自己的权柄（参八～九节），故此这论点未必能够成立。也有学者指出，提摩太的名字在发信人之列，因为腓利门书是由他执笔的，[42]不过，这假设的可能性也不高。最后，另外一些学者认为保罗在信中加上提摩太的名字，是因

---

[37] 参 Moule 140："It was a proud claim to be in prison for the sake of the Gospel, and Theod. Mops. *in loc*. notes the skilful diplomacy with which Paul uses this term to enforce his appeal for what must seem a trifling sacrifice in comparison with imprisonment"。

[38] 参 Carson 104。

[39] 除了以上几处经文，亦参加一 2。

[40] 参 Bahr，"Paul and Letter Writing" 476。

[41] 参 Lohse 189。

[42] 参 Getty，"Theology" 504。

为后者认识收信人腓利门。⑬

保罗称提摩太为弟兄,"弟兄"一词可用来指其他信徒,就好像在今天的教会中,信徒亦以"弟兄姊妹"互相称呼。信徒之间能够建立这样亲密的关系,因为所有信徒都因着信成为神的儿女,所以彼此成了弟兄姊妹。⑭ 不过,在新约中,特别是在保罗的书信里,"弟兄"还有另一个意思,用来称呼以宣讲福音为一生工作的人。⑮ 在这节经文中,"弟兄"一词明显地是称那些与保罗一起参与宣教工作的同工。

"写信给我们所爱的弟兄和同工腓利门" 这封信共有三位收信人,腓利门排在第一位,故此亦是最重要的一位。从信中知道腓利门是一位信徒,而且是保罗在宣教工作上的果子(十九节)。我们相信腓利门居住在歌罗西,因为腓利门书另外提及的两位信徒亚基布(三节)和欧尼西慕(十节),在歌罗西书中都有出现,并且被描写为当地教会的信徒(西四9、17)。⑯ 由此看来,保罗在以弗所居住的三年当中(徒二十31),可能曾经组织布道队到歌罗西,在那里带领腓利门归主,并建立教会。⑰ 另一方面,因为当保罗在以弗所的时候,提摩太与他在一起(徒十九22),故此提摩太很可能亦有参加保罗在歌罗西的布道事工。这一点间接支持我们在前面的假设,认为提摩太是发信人之一,因为他与腓利门是认识的。

保罗形容腓利门是他所爱的人。在其他的书信中,保罗亦曾称呼收信者是他所爱的人,⑱但在这卷书中,保罗称腓利门为他所爱的人就显得更具意义和重要性。在信上其他地方,保罗还提及腓利门是一个很有爱心的信徒(五节),他的爱心使保罗得到安慰(七节),而保罗也因为腓利门是一位有爱心的信徒而请求他(九节)接纳一位亲爱的弟兄欧

---

⑬ 参 Ashby 1498;Harris 244;O'Brien 272;Oesterley 211;Robertson,*Word Pictures* 464。

⑭ 参冯荫坤,《腓立比书》114 – 115。

⑮ Ellis,"Paul" 446 – 447。

⑯ 此外,亦有学者相信腓利门居住在老底嘉。参 Cope,"Rethinking" 48。

⑰ 学者认为歌罗西书一章四节和二章一节显示保罗没有见过歌罗西的信徒,所以在保罗写歌罗西书以前,没有去过歌罗西,而当地的人能够归向基督,建立教会,是透过保罗的同工和往来以弗所和歌罗西两地的信徒的工作。参鲍会园,《歌罗西书》6。

⑱ 参林前十14,十五58;林后七1,十二19;腓二12,四1。

尼西慕(十六节)。所以,整卷腓利门书都是以"爱"贯连着。保罗对腓利门的请求源起于爱心,而保罗深信腓利门会答应他的请求,也是因为腓利门是一个满有爱心的信徒。从这角度看来,保罗在第一节称腓利门为他所爱的使徒就更有特别意义了。今天,每当我们思想有关"爱"的教训时,多会翻到哥林多前书十三章和约翰书信。不错,这些经文对"爱"都有很精深的教导,但如果我们因此忽略了保罗在腓利门书中对腓利门的爱心落实的要求,这是很可惜的,我们可以从这卷书学习如何在日常生活中切实地遵行爱心的命令。

如果我们将保罗的书信略加统计,便会有不少有趣的发现,"爱"(agapē)和"所爱的"(agapētos)在保罗书信中共出现 102 次,在哥林多前书 28 次,腓利门书 5 次。此外,保罗书信共有 32,303 字,哥林多前书和腓利门书分别有 2,889 字和 292 字。平均计算,在保罗的书信中,每 317 个字,"爱"或"所爱的"才会出现一次,在哥林多前书,每 103 个字才出现"爱"或"所爱的"一次,而在腓利门书,只需 59 个字,"爱"或"所爱的"便出现一次。因此,"爱"和"所爱的"在腓利门书出现的次数比任何一卷保罗书信都要频繁。由此可以推论,"爱"是腓利门书一个相当重要的观念。[49] 不过,我们也要注意,腓利门书的篇幅较短,故此运用统计学去分析这卷书是有一定限制的。

腓利门亦被称为保罗的同工。"同工"是保罗的惯用语,通常形容与他一同肩负起传福音职事的人。[50] 百基拉,亚居拉(罗十六 3),提摩太(罗十六 21;帖前三 2),提多(林后八 23),马可(西四 11;门 24)和路加(门 24)等都被称为保罗的同工。故此有些学者推测,腓利门在信主后,曾有一段日子留在保罗身边,在传福音的事工上帮助他。[51]

2　"和亚腓亚姊妹"　第二位收信人是亚腓亚,因为她的名字紧随

---

[49] 有关统计的数目,取材自 Morgenthaler, *Statistik*。

[50] 参 Ellis, "Paul" 440:"In his [Paul's] letters no colleague is called prophet, teacher or bishop. The most used designations are, in descending frequency, sunergos, adelphos, diakonos, and apostos"。

[51] 参 Ashby 1498;O'Brien 273。

腓利门之后，所以大部分学者认为她是腓利门的妻子，[52]但亦有学者持另一种看法，认为亚腓亚的丈夫是本书的第三位收信人亚基布。[53] 我们相信前者的可能性较高，而大部分学者也接受这个看法。

另一个较具争论性的问题，是关于保罗把亚腓亚也列为收信人的原因。一些学者认为亚腓亚是腓利门的妻子，故此相信亚腓亚有主妇的职责，管理家中大小事务。这封信既然是有关她家中一个奴仆欧尼西慕的逃走与归回，因此她与这封信亦有直接的关系，在处理欧尼西慕的事上，她定有自己的意见，故此在收信人当中亦加上她的名字。[54] 另一些学者认为保罗将她的名字也放在收信人中，不过是为了礼貌的原故，因为她是腓利门的妻子，其实在信中，保罗主要是对腓利门说话。[55]在腓利门书中，保罗主要用"你"，而不是"你们"，表示他说话的对象只有腓利门一个人，所以第二个看法较符合本书带给我们的印象。最后，还有些学者指出，保罗把亚腓亚，甚至亚基布和全教会都列入收信人中，是要加给腓利门一点群众压力，使他向腓利门提出的要求更容易收到果效。[56] 不过，这解释恐怕不符合保罗在腓利门书的一贯语气，在第一节的讨论中，我们已清楚指出保罗不称自己为使徒而改称为一个被囚禁的人，就是表明他不打算运用使徒的权柄，此外，保罗亦在第八节和第九节明言自己虽然可以吩咐腓利门，但却宁愿请求他。保罗多向几个人问安也不见得就是向腓利门加压力，逼使腓利门答应他的请求。

正如我们在前面所说的，腓利门可能居住在歌罗西。且不讨论亚腓亚是否腓利门的妻子，单以他作为第二位收信人来说，亦很有可能与腓利门一样居住在歌罗西。我们值得留意看看一句刻在一块古代石碑上的说话："希米耳记念他来自歌罗西的妻子，太凭的女儿，亚腓亚"。[57]

---

[52] 参 Ashby 1498；Bruce 206；Erdman 128－129；Lohse 190；O'Brien 273；Meyer 398；Patzia 90；Robertson，*Word Pictures* 465。

[53] 参 *IDB* 1 175 s. v. "Apphia"。

[54] 参 Lohse 190；Meyer 398。

[55] 参 O'Brien 273。

[56] Petersen，*Rediscovering Paul* 87 注 85。

[57] 参 Lohse 190 注 12："Cf. Dibelius-Greeven，III，Appendix 6：'Hermas in［memor］y to A［p］phia his wife，daughter of Tryphon，from Colossae'"。

不过我们相信碑文上提及这位来自歌罗西的亚腓亚，与保罗信中提及的亚腓亚，虽然都是住在歌罗西，却并不是同一个人，除非希米耳和腓利门是同一人，或者亚腓亚不是腓利门的妻子，她丈夫的名字其实是希米耳，两处提及的亚腓亚才会是同一个人。

　　"并我们的战友亚基布"　亚基布是第三位收信人，如果腓利门和亚腓亚是夫妻，亚基布便很可能是他们的儿子，[58]不过，就像腓利门与亚腓亚的关系一样，这一点也无法证明是否真实。

　　在歌罗西书四章十七节，保罗问候亚基布，并嘱咐他要留心并完成在主里领受的职分。究竟保罗在歌罗西书提及的职分是什么呢？正如亚基布与其他两位收信人的身份关系一样，我们无法得到肯定的答案。有些学者认为亚基布的职分是去游说腓利门接纳逃走了然后归回的奴仆欧尼西慕，但我们不相信"职分"这个词在歌罗西书中有一个如此不合常规的用法。

　　保罗称亚基布为战友，"战友"一词在新约中只出现过两次，除了在本段经文外，另一次出现在腓立比书二章廿五节，保罗形容以巴弗提与他"一同作工，一同当兵"。不少学者同意保罗没有统称所有信徒为"士兵"，保罗只是这样形容自己和他的同工。[59]从歌罗西书四章十七节保罗对亚基布的嘱咐来看，亚基布是配得上"战友"这称号的。

　　保罗在书信中多次自称是"耶稣基督的仆人"（罗一 1；加一 10；腓一 1），但他从未直接称自己是耶稣基督的士兵，或是神的士兵。不过，他在哥林多后书十章三至五节用战争的模式来形容他的工作，在哥林多前书九章七节也用当兵的例子去对照他不享用使徒的权柄去接受教会的供养。此外，在以弗所书六章十至十六节，他以士兵的装束来比拟信徒的装备，在提摩太后书二章三至四节，他又用当兵为例说明作主的仆人要能忍受苦难和不以世务缠身。故此在早期教会的信念中，保罗是耶稣基督的精兵。值得在这里提出一个有关的传统：据说，在早期教会的敬拜中，每当颂读保罗书信时，一般信徒都是坐着而不是跪着的，

----

[58] 参 Ashby 1498；Bruce 206；Erdman 129；O'Brien 273。

[59] 参 Bauernfeind，"strateuomai" in *TDNT* 7（1971）710；O'Brien 273；Pfitzner，*Paul and the Agon Motif* 161。

但出席的士兵却习惯站着，表示向保罗致敬，因为保罗好像他们一样是一个士兵。[50]

　　"以及在你家里的教会"　除了向腓利门、亚腓亚和亚基布三位信徒问安之外，保罗还向在腓利门家里聚会的弟兄姊妹问安。保罗没有在信中说明教会聚会的地方是"腓利门"的家，他只用代名词称"在你家里的教会"。故此，有些学者认为"你"并不是指腓利门，而是指亚基布，因为"你"一字与"亚基布"的距离较与"腓利门"接近。[51]　不过，我们在分析上文时已指出，腓利门是三位收信人中为首的一位，亦是最重要的一位。而全卷腓利门书主要是保罗对腓利门说话，所以"在你家里的教会"顺理成章应该是"在腓利门家里的教会"。

　　"教会"（ekklēsia）按字面上解释是被召出来的意思。在希腊文中，狭义上是指全市居民聚集在一起商讨和订定有关他们利益的政策；广义上可指一般的聚集。[52]　使徒行传十九章卅二节和卅九至四十一节所出现的三个 ekklēsia，[53]都取后者的意思，故此在新译本中分别被译为"聚集"或"群众"。在保罗书信中提及的"教会"都带有独特的意义，专指基督徒的社群。[54]　保罗很多时候称教会为神的教会（林后一 2，十 32，十一 22，十五 9；加一 13）。在腓利门书二节，"教会"当然也含有神的教会的意思，只是保罗没有特别说明而已。[55]

　　3　"恩惠、平安从我们的父神和主耶稣基督临到你们"　在保罗书信开首的问安语中，"恩惠、平安从我们的父神和主耶稣基督临到你们"是最常使用的语句，在罗马书一章七节，哥林多前书一章三节，哥林多后书一章二节，加拉太书一章三节，以弗所书一章二节和腓立比书一章二节，都是一字不易地出现。帖撒罗尼迦前书一章一节的问安语是保

---

[50]　参 Plummer, *II Corinthians* 275："Durandus (*Rationale Divinorum Officiorum*, iv. 16), after saying that 'when the Epistle is read we do not kneel but sit,' adds that '*Soldiers*, however, are accustomed to stand when the Epistles of *Paul* are read, in honour of him, because he was a soldier'"。

[51]　参 Cope, "Rethinking" 47；Knox 562；Winter, "Letter" 2。

[52]　Coenen, "Church, Synagogue" in *NIDNTT* 1(1975)291。

[53]　希腊文圣经将第四十节和四十一节合为一节，故此没有了第四十一节。

[54]　冯荫坤，《帖撒罗尼迦前书》51。

[55]　Schmidt, "kaleō" in *TDNT* 3(1965)506－507。

罗书信中最简短的:“恩惠、平安临到你们”,(66)其次是歌罗西书一章二节,省去了“和主耶稣基督”,而在教牧书信中的问安语却是最繁复的,在提摩太前书一章二节和提摩太后书一章二节,“恩惠”、“平安”之外还加上“怜悯”,在提多书一章四节则不称耶稣为主(kurios)而改称为救主(sōtēr)。此外,三卷教牧书信同时把“耶稣基督”倒转过来变成“基督耶稣”。

因为保罗书信开首的问安语有繁复和简短的分别,再加上教牧书信是晚期作品这不争的事实,一些相信帖撒罗尼迦前书为保罗最早所写的书信的学者,都相信保罗的问安语有一个有迹可寻、由简而繁的发展过程。(67) 不过,帖撒罗尼迦前书是否保罗最早期的作品还是未能定案。今天,不少备受重视的学者仍深信加拉太书才是保罗书信中最早期的作品。(68) 故此,保罗书信卷首问安语是否一个有层次的发展,目前我们仍然不能肯定。另一方面,学者一般相信腓利门书与歌罗西书是同期的作品,但二者卷首的问安语并不相同,后者较前者简短。除非我们认为歌罗西书不是保罗写的,(69)否则,我们只能说保罗书信中的问安语,虽然“恩惠、平安从我们的父神和主耶稣基督临到你们”是一个常用的问候语,但并不是说话的定式,保罗偶然亦会改动这问安语,但这转变亦非随着年日,由简至繁的变化。

正如我们在上面说过,希腊书信的问安语大都是简单地说一声“安好”(chairein),但保罗却不跟从这习惯,他把“安好”改为“恩惠……临到你们”。“恩惠”(charis)无论在读音上或是串字上都与“安好”十分相似,所以当在聚会中向会众诵读保罗的书信时,在座的信徒定会十分惊讶这一个新颖的问安,“恩惠”一方面叫人感受到一般希腊常用的问安语“安好”,但另一方面又充满着基督教信仰的信息。“恩惠”综合描述神对人的救赎。恩惠并不是人用努力赚取得来的,这是神白白赐给人,是人所不配得的(罗四 4),这恩典更是藉着基督在十字架上流出的

(66) 我们把“愿”字删去,参前第三节“经文翻译”的讨论。

(67) 参 Collins, “Apropos the Integrity of 1Thess” 134。

(68) 参 Fung, *Galatians* 9－28。

(69) 有关歌罗西书作者的问题,参 Kümmel, *Introduction* 340－346。

宝血而确立（加二 15～21）。在日常生活中，恩惠亦支持信徒面对人生中的缺乏、考验和不如意的事情（林后八 1，十二 9）。在卷首问安语，当保罗说"恩惠……临到你们"的时候，相信亦蕴含着这方面的意义。[70]

"平安"是闪族人惯用的问安语，士师记十九章二十节和撒母耳记上廿五章六节都记载了人们在见面时以"平安"来彼此问候。书信往来的时候亦常常会祝福收信人平安，例如马加比后书，这一卷没有被纳入圣经正典的次经，就是以"平安"作卷首的问安语。

在希伯来人的思想中，"平安"不单指外在危险消失而内心得到平静安稳的感觉，它更指一种健全的状态（well-being）。这亦不单指内心属灵上的状态，更包括物质上的健全状态（士十九 20）。在新约圣经，特别是保罗的思想里，平安与神的救赎工作紧紧地连在一起。在罗马书八章六节，"平安"与"生命"平衡，二者都是随从圣灵，以圣灵的事为念的结果，二者都相对于"死"，而这死是因随从肉体，以肉体的事为念而来的。在罗马书十六章二十节，保罗指出平安是神所赐的，因为神要将撒但践踏在信徒的脚下。故此，有些学者指出，平安是"全人在一终极和来世之意义上获得拯救的状态"。[71]

保罗以"恩惠"和"平安"向腓利门等人问安后，他接着指出二者都是源于神和耶稣基督。从句子的结构方面来说，"我们的父神"和"主耶稣基督"平衡并列，同时与介系词"从"（apo）相连，表示二者无分彼此，同是恩惠和平安的源头。[72] 如果我们参考其他的经文，便会发觉在罗马书一章五节，保罗明言自己所有的恩惠是藉着耶稣基督而得来的，[73]而在哥林多前书八章六节，保罗说万物都是从神而来，并且是藉着耶稣基督而有，因此，保罗虽然在腓利门书中笼统地指出恩惠和平安是源于神和耶稣基督，但严格来说，神是恩惠和平安的源头，耶稣基督是桥梁。

---

[70] 参冯荫坤，《帖撒罗尼迦前书》54。

[71] 冯荫坤，《真理与自由》12；亦参 Foerster, "eirene" in *TDNT* 2(1964)412。

[72] 参冯荫坤，《真理与自由》11，注 27。

[73] 和合本和新译本都以"从他"来翻译 di hou 是不准确的，"藉着他"是较好的翻译，前者会使人误以为恩惠是来自耶稣基督。

贰　感恩
（4〜7）

⁴ 我每逢祷告记念你的时候，总感谢我的神，

⁵ 因我经常听见你在众圣徒中有爱心和对主耶稣的信心。

⁶ 我在祷告中求神使你因信仰的原故而作出慷慨的行动，会产生功效，使人可以知道在我们中间一切的善行，都是为基督作的。

⁷ 弟兄啊！我感谢神，因为你的爱心使我得到很大的喜乐和鼓励；此外，我的喜乐和鼓励是因众圣徒的心藉着你得蒙舒畅。

经文翻译

4 "我每逢祷告记念你的时候，总感谢我的神" 新译本圣经的译者将第四和第五节连在一起，成为一个颇长的句子，并把第四节"我每逢祷告提到你的时候，就常常感谢我的神"放在句子的后半部，而把第五节"我听到你对主耶稣的信心和在众圣徒中有爱心"放在句子的前半部。换句话说，新译本把第四和第五节经文原来的次序倒转过来。在翻译过程中，因为两种不同的语言在结构上有很大差异，有时候不能不更调句子的先后，以达到文词通顺及达意的目的，当两种语言在结构上的分别越大，改动原来句子先后次序的需要越多。故此，要把圣经从希腊文翻译成中文，很多时候都要将原文圣经的句子略作调动，才可以把原来的意思保留下来。不过，在腓利门书第四和第五节的情况，如果我们翻查其他中文译本，发觉只有新译本把第四和第五节经文的次序对调。新译本这样做虽然没有改变或歪曲经文的原意，但比较其他译本，在保留原文的含意和达至中文句法的顺畅两方面，都没有什么正面的效用。此外，调动经文的次序造成引述经文的时候，容易引起混乱，所以我们不同意新译本第四和第五节的翻译。

"总"（pantote）在原文的意思是"常常"。本节在希腊文的结构上，"常常"除了可以用来形容动词"感谢"（eucharistō）之外，也可以连上分

词（participle）"记念"（mneian...poioumenos）。① 假如我们接纳后者的分析，翻译后的经文是："我感谢我的神，常常在我的祷告中记念你"。不过，这样便带不出"我感谢我的神"和"常常在我的祷告中记念你"这两个句子的关系。我们认为"常常"应该连于动词"感谢"，原因有二。首先，在保罗书信中，"常常"很多时候都是连于"感谢"（林前一4；弗五20；帖前一2；帖后一3，二13），所以这解释是最符合保罗的一贯思想。另外，把"常常"解释为形容"感谢"，会使这节经文的意义更加清晰，故此是比较理想的选择，我们会在下面较详细地讨论这一点。

"记念"（mneian...poioumenos）在原文可以解释为"想念"或"提到"。在日常生活中，想念某人和提到某人完全是两回事，前者表示在某甲的脑海中常常有某乙的存在，但这并不表示甲要把乙的名字挂在嘴边，经常提到他。另一方面，如果我们说某甲提到某乙的时候，只表示每当甲与其他人交谈时，会涉及乙，但并不表示乙在甲心中占有什么位置，故此二者不能混为一谈。不过，在祈祷的情况下，想念某人和提到某人的分别就不大明显了。以腓利门书四节为例，当我们说保罗在祷告中只想念腓利门时，并不是说他祷告不专心，只想着腓利门。此外，假若我们说保罗在祷告中提到腓利门，亦不是说保罗在祷告中只是循例式地求神保守腓利门，而心中从不想念他。换言之，"想念"和"提到"这两词虽然在日常生活中有明显的分别，但在信徒祷告的生活中，则混而为一，没有明显的分别。大部分中文译本都把 mneian...poioumenos 翻成"提到"（和合，新译，现中和吕译），但我们却刻意选择了"记念"（思高），因为这词其实把"想念"和"提到"都包括在内。

"记念"（mneian...poioumenos）在原文是分词，在希腊文文法中，分词有很多不同的用法。根据腓利门书四节的上下经文，这分词的作用是表示时间的关系（the temporal participle），故此，在翻译这段经文时，我们特别加上"每逢……的时候"，表示"在祷告中记念你"和"感谢

---

① 参 Calvin 350；Ellicott 275。

我的神"是同时进行的。②

保罗说他"常常"感谢神,但并不是说保罗每天二十四小时,不分昼夜,不停地感谢。"常常"一字的涵义,正如在腓立比书一章四节一样,由后一句来界定。③所以,每当保罗为腓利门的情况祷告时,常常会引发保罗感谢神。有鉴于此,我们将"总"字代替"常常",这样会使经文的含义更为清晰。

5　"因我经常听见你在众圣徒中有爱心和对主耶稣的信心"　正如第四节中的"记念"一样,在原文中"听见"(akouōn)是分词,不过,这分词在第五节是表示原因(causal participle)而不是表示时间关系。④故此我们在"听见"前加上"因"字,表示第五节是因,第四节是果,这两节之间有相当密切的因果关系,在众多中文译本中,只有新译本没有加上"因"字或类似的连接词,所以在新译本中,第四节和第五节之间的关系没有清楚地展示出来。

此外,"听见"这分词是以现在时态(present tense)出现。在希腊文的文法中,这时态并不单单表示某个行动正在进行中。现在时态最主要的作用是表示某个行动在不断地进行(progressive present)或是重复地发生(iterative present),而这进行的模式与进行的时间无关,故此可以是过往或现在发生的事。在腓利门书四节,"听见"这分词的现在时态是表示保罗不单听见过一次有关腓利门的事。所以,在"听见"之前,我们加上"经常",以强调腓利门爱心和信心的行为不断传入保罗耳中。⑤

比较各中文译本,发觉它们之间主要有三个不同的翻译,现分述如下:

和合:"……你的爱心,并你向主耶稣和众圣徒的信心"

---

② 大部分的中文译本如和合本、吕振中译本和思高圣经等都认识到本节的分词是时间分词,所以都加上"的时候"等时间性语句。现代中文译本的"每次……的时候"和新译本的"每逢……的时候"最能把这时间分词的性质显出来,而我们的翻译也是参考后者的。

③ 参冯荫坤,《腓立比书》82。

④ 参 Ellicott 275。Ellicott 把这分词解释为环境分词(circumstantial participle),不过,我们认为这分析不正确。

⑤ 参当圣:"因为我经常听见……"。

　　新译："……你对主耶稣和众圣徒有爱心和信心"

　　现中："……你对所有的信徒有爱心,对主耶稣有信心"

　　在和合本,"爱心"是独立的,而"信心"则是同时对应"主耶稣"和"众圣徒";文理和合本的翻译与和合本相似。在新译本,"爱心"和"信心"同时相应于"主耶稣"和"众圣徒";思高译本、当代圣经和吕振中译本的译文与新译本相同。最后,现代中文译本把"爱心"连于"信徒",而把"信心"连于"主耶稣"。

　　造成各译本分歧的原因是原文圣经中"爱心"和"信心"属于一组,而"主耶稣"和"众圣徒"又属于一组。试将原文直译成中文来看:

　　"爱心和信心,这是你用来对主耶稣和在众圣徒中的"

　　(tēn agapēn kai tēn pistin, hēn echeis pros ton kurion Iēsoun kai eis pantas tous hagious)

　　讨论翻译问题之前,让我们先处理两个抄本的问题。首先,在一份叫 P[61] 约属八世纪的蒲纸抄本,和我们介绍过的六世纪抄本 D 和四世纪的安波罗修注释,还有编号 323,365,629,945 和 1881 等十一至十四世纪的草书抄本,都写上"信心和爱心"而不是"爱心和信心"。不过,因为以上的文献年份较晚,不足以证明保罗在腓利门书所写的是"信心与爱心"而不是"爱心与信心"。另一方面,保罗一贯的写作习惯多是先提"信心"再提"爱心"(林前十三 13;加五 6;弗一 15;西一 4;帖前三 6,五 8;提前一 14,二 15,六 11;提后一 13,二 22;多二 2)。他很少先提"爱心"再提"信心"(提前四 12;弗六 23)。故此如果在原稿上是"信心和爱心"的话,没有抄者会把"信心"和"爱心"倒转过来变成"爱心和信心"。相反地,如果原稿上是"爱心和信心"的话,抄者或会在有意无意间将"信心和爱心"取代"爱心和信心"。

　　第二个抄本的问题与介系词"向"(pros)有关。除第五世纪的抄本 A,C 和 048 外,还有第六世纪的抄本 D,都以"在……中"(eis)来代替 pros。不过,上面几个抄本无论在质上或量上都不足以叫我们接纳 eis;再说,很多时候 eis 与"信心"(pistis)连用,可能因此使圣经抄者以 eis 来取代 pros。

　　再回到这节经文的翻译问题上,首先,新译本的翻译最能保存字句的先后次序,故此亦得到一些学者的支持。⑥ 不过,这翻译迫使"信心"一词在这段经文中带着两个不同的意义。对应"主耶稣"时,"信心"带有神学上的意义,是保罗一贯的用法;但对应"众圣徒"时,"信心"则带有非宗教性"信实"的意思,好像在约翰三书五节中翻译 pistis 为"忠心"一样。故此,一位接受这解释的学者亦不得不指出,有如此结构的句子出现是因为保罗在匆忙间成书,而这结构亦是因为句子过分浓缩所致。⑦

和合本的翻译虽然没有像新译本一般得到学者广泛的支持,⑧但这解释比新译本优胜的地方是本句中的关系代名词"这"(hēn)是单数而不是复数,故此将"这是你用来对主耶稣和在众圣徒中的"这一句连于"信心"而把"爱心"悬空,在文法上较稳妥。支持另一个翻译的学者指出保罗用单数的关系代名词 hēn 表示在他心中,"爱心"和"信心"的关系十分密切,故此可以作为一整体处理,并用一个单数的关系代名词引述它们。不错,在保罗的神学思想中,"信心"与"爱心"的关系相当密切,但在腓利门书四节,"爱心"和"信心"分别有自己的冠词 tēn,所以我们不能硬说保罗在腓利门书四节把"爱心"和"信心"看为一整体,故此可以用一个单数的关系代名词来统称它们。虽然在文法结构方面和合本较新译本优胜,但仍有相同的困难。按照和合本的解释,"信心"同时要带有"信心"和"信实"两个不同层面的意义,所以仍不是一个可以完全取纳的解释。

在各中文译本中,现代中文译本把"爱心"与"信心"分别对应"众圣徒"与"主耶稣"是独一无二的做法。虽然这翻译得不到其他中文译者的支持,但却为不少释经学者⑨和文法学者⑩所接纳。他们认为这段经

---

⑥ 参 Bruce 208;Carson 105 - 106;Vincent 178。

⑦ 参 Vincent 178。

⑧ 据笔者所知,与和合本持相同意见的学者只有一位十九世纪的德国学者 H. A. W. Meyer,参 Meyer 399 - 400。

⑨ 参 Ashby 1498;Barclay 318;Calvin 349 - 350;Hendriksen 213 注 179;Lightfoot 332;Lohse 193;Martin 160 - 161;Moule 141;O'Brien 278 - 279;Patzia 92 - 93;石清州 458。

⑩ 参 *BDF* § 477.2;Moulton, *Grammar* IV 97;Robertson, *Grammar* 1200。

文是以交叉结构（chiasmus）的 ABB'A' 形式出现，因此"爱心"和"信心"分别只对应"众圣徒"和"主耶稣"，现以图表说明：

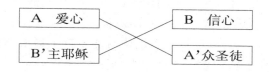

　　比较上述三个解释，这是最可以接受的。首先，交叉结构的形式在新约中常常出现，[11]本节也可说是其中一个例子。此外，这解释可以避免了上述"信心"一词有双重意义的困难，按照这解释，"信心"单单指向"主耶稣"，故此不须再加上非宗教性的"信实"。最后，这解释与保罗在其他地方所表达的思想配合，正如他在歌罗西书一章四节清楚指出，他听见歌罗西的圣徒有"在基督耶稣里的信心，并向众圣徒的爱心"；此外，在以弗所书一章十五节，保罗也说他听见以弗所的信徒"信从主耶稣，亲爱众圣徒"。

　　6　"我在祷告中求神使你因信仰的原故而作出慷慨的行动，会产生功效，使人可以知道在我们中间一切的善行，都是为基督作的"　所有中文译本都以句号结束第五节，以"愿"开始第六节。[12]假如我们翻阅原文圣经，会发觉第五节是以逗号来结束而第六节则以一连接词hopōs 来开始。这表示第五节和第六节的关系密切，此外，这连接词更把第六节连上第四节保罗的祷告。换句话说，第六节是保罗在第四节的祷告内容。基于这原因，一些译者便以"愿"来开始第六节，表示保罗在祷告中求神让腓利门的行动得到果效。不过，我们认为单以"愿"来开始第六节并不足以表示这节经文是保罗祷告的内容，相反更容易使人误以为这是保罗一个独立的心愿。有鉴于此，我们在翻译时特意加上"我在祷告中，求神……"来表明第六节所记载的是保罗在祷告中记

⑪　参太七6：A＝圣物给狗，B＝把珍珠丢在猪前，B'＝用脚把珍珠践踏，A'＝猛噬你们。西三11：A＝希腊人，B＝犹太人，B'＝受割礼的，A'＝未受割礼的。

⑫　参新译，吕译，新和合。和合本以圆点来结束第五节。

念腓利门的内容。⑬

　　"你因信仰的原故而作出慷慨的行动"是翻译自 hē koinōniatēs pisteōs sou。koinōnia 的原意是指亲密的关系,故此包括婚姻及友情。在希腊文化中,友情包括了朋友间分享财物,⑭所以按照《新约希汉简明字典》的解释,koinōnia 可以翻译为"团契","有份","分享","联系","捐献","礼物","帮助"和"救济"等不同的名词。各中文译本在翻译腓利门书六节时,亦以"同有"(和合),"分享"(新译、当圣),"慷慨"(思高),"团契"(现中、吕译)等名词来翻译 koinōnia。

　　在腓利门书六节,我们把 koinōnia 翻译为"慷慨的行动",而将"信仰"tēs pisteōs 的所有格看为原动力(genitive of origin)。换句话说,腓利门作出"慷慨的行动"是因为他是一个基督徒。⑮

　　我们选择这翻译是因为我们深信腓利门书四至七节的重心是在腓利门与其他信徒的交往。保罗特别在第五节称赞腓利门对耶稣有信心,对其他信徒有爱心。假如我们把 hē koinōnia tēs pisteōs sou 翻译成"你因信仰的原故而作出慷慨的行动",便更能将第五节和第六节的关系表明出来。腓利门"对主耶稣的信心"是他的"信仰",而这更是一种动力,帮助他对其他信徒"作出慷慨的行动",这正好是"在众圣徒中有爱心"具体的表现。

　　"使人知道"(en epignōsei)原文的意思是"在知识的范围内",作用是界定上一句话"会产生功效"的范围。换句话说,在第六节,保罗期望腓利门慷慨的行动在"知识的范围"下产生影响力。原文中这句话没有清楚表示腓利门的行动会使"保罗"(现中),"腓利门自己"(思高、当圣),或是"任何的人"(吕译)获得知识。要决定谁人获得知识,惟有从经文的上文下理入手。正如我们在前面说过,腓利门书四至七节的重心是在腓利门与其他信徒的相交,其中包括腓利门在教会弟兄姊妹面

---

⑬ 参思高、当圣、现中的翻译。此外,文理和合本以"致尔与众之信……"来开始第六节,表示译者把 hopōs 连于第五节的 hēn echeis,而把第六节看为是第五节腓利门爱心和信心的果效。参 Meyer 400。不过,我们认为把 hopōs 与第四节的 mneian sou poioumenos 相连,更能符合腓利门书四至六节的思路发展。

⑭ Hauck, "koinos" in *TDNT* 3(1965)798.

⑮ 参 Wiles, *Paul's Intercessory Prayers* 222.

前的个人见证。这样看来,获得知识的既不是保罗,也不是腓利门,而是与腓利门相交的信徒。所以,我们在"知道"之前加上"使人",表示腓利门慷慨的行动能使信徒、甚至非信徒知道行动背后的动力是腓利门对基督耶稣的信心。[16]

不少抄本以"**在你们中间**"代替"**在我们中间**"。[17] 赞成用"在你们中间"(en humin)的抄本有第八世纪的蒲纸抄本 P[61],第四世纪的西乃抄本 א,第九世纪的 F、G 和 P;另外,以草书写成的抄本有第九世纪的33、第十世纪的 1739、第十一世纪的 104、十三世纪的 365 和十四世纪的 1881。其中 א,33,104 和 1739 等都是抄写谨慎、少出错误的抄本。另一方面,赞成用"在我们中间"(en hēmin)的抄本亦有第五世纪的 A、C、048,第六世纪的 D 和第八世纪的 Ψ;其中 A,C 和 Ψ 的抄写亦相当准确。综合以上的资料,支持"在你们中间"的抄本似乎比"在我们中间"的抄本为多,但我们仍然相信保罗所写的是"在我们中间",因为在四至七节当中,第二人称的代名词共出现了五次,故此抄写圣经的人很容易误把原来的"在我们中间"换作"在你们中间"。反过来说,误把"在你们中间"抄成"在我们中间"的机会便比较少。[18]

"一切的善行,都是为基督作的"(pantos agathou tou ... eis Christon),原文可以有多种不同的解释,所以除了上面的翻译之外,[19] 一些中文译本亦有下列不同的翻译:"在基督里得到什么的好处"(当圣),"跟主结连而有的一切好处"(现中),"归基督的各样善事"(吕译),"所有之善,在于基督"(文理),"所为百善,归荣于基督"(圣书)。按照原文,我们还可以加上以下的翻译:"一切的善行都使我们更加亲近基督"。[20]

让我们集中看看"善行/好处"(agathou)。我们相信 agathou 并不是保罗和腓利门等人获得的"好处",而是他们所作的"善行",因为保罗在腓利门书是要鼓励腓利门在信徒中行慷慨和爱心的事,而不是要教

---

[16] 参 Wiles,*Paul's Intercessory Prayers* 223 – 224。

[17] 参和合:"你们各样善事";文理:"尔所有之善";和圣书:"尔所为有善"。

[18] 参 Metzger 657;此外亦参 Harris 252。

[19] 参和合、新译和思高译本。

[20] 参 Moule 142。

导他"作出慷慨的行动"或"与人分享信仰"的时候（当圣），便会知道自己"在基督里得到什么好处"（当圣），故此，我们不会跟从现代中文译本和当代圣经把 agathou 译为"好处"。

"都是为基督作的"原文是 eis Christon。有些学者译为"在基督里"，因为他们觉得 eis Christon 即是 en Christō（i）。[21] 保罗不用 en 而用 eis，因为他在第六节已经用了两次 en，为了避免重复，便以 eis Christon 代替 en Christō(i)。[22] 我们不同意这个解释，因为虽然 eis 与 en 本来是同一个介系词，[23]前者是从后者转化出来，[24]在新约圣经亦可以找到一些以 eis 代替 en 的例子（可一 39）。不过大部分新约作者，特别是保罗，都不易混淆这两个介系词的含义和用法。[25] 另外，同一个介系词重复出现在保罗书信的例子也不少，在帖撒罗尼迦前书一章五节，en 便重复出现了五次之多。故此我们可以肯定 eis Christon 不同于 en Christō(i)，不应译为"在基督里"。[26]

介系词 eis 可译为"进"或者"去"，是一个带动感的介系词，eis Christon 因此可以直译为"进到基督里"。所以，保罗在第六节是鼓励腓利门要在信徒中间作出慷慨的行动，因为这样使他进到基督里更加亲近基督。[27] 这解释引申出很深远的神学意义，对我们亦有很适切的提点。要进到基督里，要亲近神并不单靠脑袋的知识，也不单靠经常参与教会内外大小不同的聚会，而是藉着在信徒中施行源于信心、慷慨的善行。

虽然我们认为以上的解释无论在文法上还是脉络上，甚至在神学思想上都合情合理，但我们认为，把 eis 看为等同于带有利益关系的间接受格（dative case of advantage）是最理想的。[28] 有些学者认为 eis

[21] 参 Bruce 209 - 210 注 42；O'Brien 281。
[22] 参 Bruce 209 - 210 注 42；O'Brien 281。
[23] 参 Robertson, *Grammar* 453。
[24] 参 Moule, *Idiom Book* 67。
[25] 参冯荫坤，《腓立比书》86 注 83。
[26] 参 Bratcher, *Translator's Handbook* 119；Oepke, "eis" in *TDNT* 2(1964)432 - 433。
[27] 参 Houlden 229。
[28] *BAG* 228 - 230 s. v. "eis".

Christon 是"归荣耀于基督"的意思,㉙他们更引用哥林多后书一章廿一节、十一章三节和罗马书十六章五节来支持这个看法。㉚ 不过,因为原文并没有"荣耀"一词,可能的话,也应该尽量避免加上。故此,我们把 eis Christon 译为"为基督作的"。㉛ 因为这翻译较能保持原文的特色,较少加上译者个人的见解。在意思方面,这翻译更可突出与同节经文中保罗鼓励腓利门的话的对应,要"因信仰的原故作慷慨的行动"。换句话说,信徒间一切善行和慷慨的行动都是源于信仰,都是为了基督的原故而作的。㉜

7 **"弟兄啊"** 所有中文译本都是以"弟兄"(adelphe)开始第七节,在原文 adelphe 是呼格(vocative case),顾名思义,这格式表示"弟兄"一词带有称呼的语调,故此要在"弟兄"后加上"啊"字。此外,当代圣经和现代中文译本都在"弟兄"前加上"亲爱的"或类似的形容词,不过因为原文没有这些字眼,故此我们认为不便自行加上。

在原文,"弟兄啊"是本节经文最末的一个字,这并不是呼格最常见的位置,这种格式最常出现在句子的前部分。㉝ 故此,"弟兄啊"在这节的位置显示在第七节中保罗稍微加强"弟兄啊"的语调。㉞ 有学者指出"弟兄啊"这词平常是放在后面的,此节放在前面,显出心理[sic]有积满着的特别感情,㉟但这话无论根据腓利门书七节字句次序上的观察,或是从呼格在句子中位置及其含义上的分析都不准确。

"我感谢神,因为你的爱心使我得到很大的喜乐和鼓励" 在各中文译本中,第七节都是一句独立的说话,与上文没有关系。在原文,本节由通常被翻译为"因为"的连接词 gar 开始,表示这节与上面一段经文有密切关系,并且解释上面某些行为的动机。我们接受一般学者的

㉙ 参 Lohse 194 和 Vincent 181。

㉚ 参 Lohse 194 - 195 注 29。

㉛ 参和合,新译和思高译本。

㉜ 有关 eis 表达原因,参 Dana and Mantey, *Grammar* § 111;Zerwick, *Greek* § 106。

㉝ 有关呼格的位置,参 *BDF* § 474.6。

㉞ 参 Harris 254;Oesterley 213。亦参 Meyer 403:" not emphatic... but touching affection. "

㉟ 石清州 459。

看法,认为 gar 将第七节连上第四节保罗向神的感谢。[36] 换句话说,保罗基于两个理由,所以每逢祷告记念腓利门的时候,便感谢神(第四节)。首先,因为保罗听见腓利门对主耶稣有信心和在众圣徒中有爱心(第四节),其次,因为腓利门的爱心使保罗得到很大的喜乐和鼓励(第七节)。

腓利门的爱心使保罗得到"很大"(pollēn)的喜乐和安慰。新译本把 pollēn 翻译为"更大"。严格来说,这翻译是不够准确的,"更"带有比较性的意味,暗示保罗从腓利门的爱心中所获得的喜乐,比他在其他地方所得的还多,不过,如果保罗真要表达这思想的话,他会用 pollēn mallon 或 pleiona 而不是 pollēn。

"鼓励"(paraklēsin)一词原文由"在……旁边"(para)和"呼召"(klēsis)结合而成,所以原本的意思是"呼召某人到自己身边"。[37] 引申过来,paraklēsin 包含了"鼓励"和"安慰"两方面的意思,故此和合本、新译本、思高译本、现代中文译本和吕振中译本的翻译都是"安慰"或"鼓励"。[38] 在腓利门书七节,paraklēsin 包含了这两方面的意思,保罗除了得到鼓励外,也得到腓利门的安慰。在中文词汇中,我们无法找到相应的词语包含 paraklēsin 的双重意思。我们选择了"鼓励",因为对我们来说,藉着别人的爱心使自己得鼓励,较藉着别人的爱心使自己得安慰比较容易了解和明白;但要留意的是,paraklēsin 在本节中除了"鼓励"之外,也包含了"安慰"的意思。

经过了翻译,原文圣经有两个微妙的地方无法在译文中保留下来。第一,"喜乐"(charan)是本节第一个字,占了重要的位置。也就是说,如果比较"喜乐"和"鼓励",保罗在第七节有意强调的是他因腓利门的爱心而有的喜乐。[39] 第二,"得到"(eschon)的时态是过去不定时态(aorist tense),保罗采用这时态而不用现在时态(present tense),并不表示他写腓利门书的时候,已经失去因腓利门的爱心而有的喜乐和鼓

---

[36] 参 Carson 106；Hendriksen 215；Lightfoot 334；Meyer 402；O'Brien 282 和 Vincent 181。

[37] 参 Schmitz, "parakaleo" in *TDNT* 5(1967)774。

[38] 当代圣经将 charan(喜乐)和 paraklēsin(鼓励)合称为"快慰"。

[39] 参 Meyer 402。

励。保罗在第七节"得到"一词选择过去不定时时态,是要表示他的喜乐和鼓励是在他听到腓利门对主耶稣有信心和对众圣徒有爱心的时候产生出来的。[40]

"此外,我的喜乐和鼓励是因众圣徒的心藉着你得蒙舒畅"　和合本以"因"字来开始"众圣徒的心从你得到了畅快",表示这句话是因,而上一句话是果。因为其他信徒藉着腓利门而得到舒畅,保罗因此也得到很大的快乐和鼓励。[41]　我们基本上接纳这解释,不过,为了保持译文的通畅,不能像和合本般只加上"因"字。除了加上"此外"这一连接词外,还简略地重复上面一段经文的中心思想,表示这节经文上下部分的关系。

"舒畅"(anapepautai)在保罗书信中只出现过四次,除了在腓利门书出现两次(第七和二十节)外,其余分别出现在哥林多书信中(林前十六 18;林后七 13)。anapepautai 是完成时态(perfect tense),表示众圣徒在过去某一刻得到舒畅,而这舒畅的状态一直维持到保罗写腓利门书的时候还延续着。另一方面,anapepautai 是被动语态(passive voice),这语调很多时候都是用来暗指神是背后的原动力(theological passive)。在腓利门书七节,值得留意的是众圣徒的舒畅是"藉"着腓利门(dia sou)而不是"由"他(hupo sou)而来的。故此我们可以肯定,保罗刻意在本节经文以被动语态表示舒畅,他要指明众圣徒所得的舒畅是源于神,而腓利门只是神的工具,将这舒畅带给属神的人。因此,我们翻译时在"舒畅"之前加上"得蒙"二字,表示这舒畅是神所赐的。

最后,代名词"你"(sou)在本节共出现了两次。第一次是在前半节,"因为你的爱心",第二次是在下半节,"藉着你的爱心"。比较同一代名词的两次出现,后者有抑扬音符~,在文法上,是指保罗有意在语调上强调第二次出现的代名词"你"。可惜,这神韵在翻译过程中无法

---

[40]　参 Bruce 210;Meyer 402;Oesterley 213;Vincent 181。此外,文法学者 Robertson 指出这过去不定时时态带有进入的含义(ingressive aorist),强调保罗因听到有关腓利门的爱心和信心的表现后,进入到一个快乐和得安慰的状态中。参 Robertson, *Word Pictures* 465。

[41]　参思高,吕译和文理的翻译。此外,虽然当代,新译和圣书等译本没有加上"因",但这些译本却将本句与上一句的次序对调,表示两句说话之间的因果关系。

保存下来。

经文分析

按照希腊书信的一贯格式,发信人向收信人问安之后,便会感谢神。除了加拉太书之外,保罗的书信亦沿用这格式,卷首问安语之后便是感恩部分。加拉太书缺少了这部分,大概是由于加拉太教会的情况过于恶劣,令保罗连感恩的心境也没有了。另一方面,帖撒罗尼迦前书的感恩部分占篇幅最多,由一章二节一直到三章十三节。有别于一般希腊书信的感恩语,保罗感谢神并不是因为神救他脱离危难,而是因为信徒信心坚定和长进。有些学者相信,保罗总以感恩来开始他的讲道,这习惯渐渐融入他的书信中,故此保罗书信中的感恩不单单是为某些事而感谢,他更在感恩中加上适切的教训,指出什么是当作的事。[42]

保罗书信中的感恩部分曾有一段相当长的时间被学者忽略,直到近年来学者才认识到这些感恩语的重要性,相信不是无关痛痒的客套话。[43] 就以腓利门书的感恩语为例,有学者指出,这段话正好像希腊辩士在辩论中所说的引言(exordium)。[44] 当然,保罗不可能刻意地遵照着哲学家所教授的辩论格式去书写他的信札,而这些书卷也绝不可能是辩论科的习作。不过,保罗书信中的感恩部分无可否认是一段精心撰写的文字,短短四节经文,已经陈明整卷书信的思想。就用字方面来说,有"祷告"(proseuchē,第四节,参廿二节),"爱心"(agapē,第五节,参九节),"慷慨的行动"(koinōnia,第六节,参十七节),"善行"(agathos,第六节,参十四节),"鼓励"(paraklēsis,第七节,参九节、十节,parakaleō),"心"(splagchna,第四节,参十二节、二十节),"舒畅"(anapanō,第七节,参廿节),和"弟兄"(adelphos,第七节,参二十节)。这些在第四至七节出现过的字,在八至廿五节中再度出现。就内容方面,我们已经指出保罗藉这封信请求腓利门饶恕逃走了的奴仆欧尼西

---

[42] 参 Doty,*Letters* 32。

[43] 参 O'Brien,*Thanksgivings* 1–15;Wiles,*Paul's Intercessory Prayers* 218–225。

[44] 参 Church,"Structure" 21–24;Martin "Function" 323。

慕,并且劝勉他要用爱心接纳这位悔改了的弟兄。如果我们分析四至
七节的时候,留心书信的主旨,便会察觉保罗在这四节经文中已经引导
腓利门朝着这方向思想。例如在第五和第七节,保罗提及腓利门以前
对他和其他信徒显出爱心。在第六节中,保罗又提醒腓利门信心是善
行的源头,而善行又是向别人作见证的好机会。故此,我们可以总括
地说,保罗在腓利门书的感恩部分"是一首序乐,每一个主题都先出
现,及后,听众将会在一个不同的时间,或许在较为清晰的背景中重
听这旋律"。[45]

4 "我每逢祷告记念你的时候,总感谢我的神" 保罗在一至三节
用第一人称复数"我们"来称呼自己,表示他与提摩太一起向腓利门、亚
腓亚、亚基布以及教会各弟兄姊妹问安。但这并不表示保罗与提摩太
二人联名发出这封信。在第四节开始,保罗改用第一人称单数"我",此
后,大部分时间保罗都用"我"而不用"我们"。虽然保罗和提摩太二人
的名字同时出现在发信人的地方,但实质上,保罗是腓利门书的唯一作
者,信中有不少要求,也有不少承担,都是由保罗一人负责。同时,在第
二人称代名词方面,保罗亦从第五节开始把"你们"改为"你",表示他现
在说话的对象不再是在一至三节中接受问安的腓利门、亚腓亚、亚基布
和其他教会会友等众多的人,而是单单向腓利门一人说话。故此,当保
罗现在进入书信的主旨,他就不再把提摩太加入在他的说话中,也不客
客气气地把其他人也放在他的说话对象内。自第四节开始,是保罗与
腓利门在一对一地说话。

在短短四节经文中,保罗发出他感谢的声音。但保罗所感谢的,并
不是腓利门或是他教会过往对他的支持,他感谢的对象,是他的神。
"感谢"(eucharisteō)一词在保罗书信中共出现了廿四次,除了在罗马
书十六章四节一次外,其余廿三次感谢的对象都是神。故此,保罗在本
节以神为他感谢的对象,正符合他一贯运用"感谢"的方法。

保罗特别强调那位他所感谢的神是"我"的神,在保罗书信中,除了
腓利门书四节之外,"我的神"只出现过五次(罗一 8;林前一 4;林后十

---

[45] Knox, *Philemon* 22: "It is the overture in which each of the themes, to be later heard in a different, perhaps more specific context, is given an anticipatory hearing."

二 21；腓一 3，四 19)。⁴⁶ 在其他地方，保罗多数只是简单称他感谢的对象是"神"(参罗七 25；林前一 14，十四 18；西一 3，三 17；帖前一 2，二 13；帖后一 3，二 13)。故此，保罗在腓利门书四节中称他所感谢的神为"我的神"，是一个十分亲切的称呼。

5 "因我经常听见你在众圣徒中有爱心和对主耶稣的信心" 保罗在前一节指出每逢他在祷告中记念腓利门的时候，心中便会向神发出感谢。在第五节，保罗随即解释他为什么会有这样的反应。首先，保罗指出，腓利门令他感谢神，因为腓利门对其他信徒有爱心的表现，而对耶稣的信心亦甚坚固。作为一位宣教士，一位牧者，甚至可以被誉为基督教教会史上第一位神学思想家的保罗，他感谢神，并不是因为他为神建立了伟大的事工，也不是因为他解决了神学上叫人困惑的问题，而是他看见其他信徒的成长，能够对神表现信心，对人表现爱心，保罗这种心态，是今天的信徒，特别是全职事奉的人所该引为借鉴的。

如果这封信的读者也认识保罗其他书信的话，定会感到很奇怪，因为每当他把"信心"和"爱心"放在一起，总是把"信心"放在"爱心"之前，没有像在腓利门书中把"爱心"放在"信心"之前；即使在哥林多前书十三章十三节，保罗刻意指出信、望、爱中，爱是其中最大的一样时，他仍把"信"放在"爱"的前面。基于这一点，我们再一次肯定，"爱心"是腓利门书里面一个十分重要的课题。⁴⁷

"爱心"在前而"信心"在后，除了是保罗刻意这样做，以强调"爱心"外，相信中间亦有较为自然的理由。正如我们说过，保罗写腓利门书的目的是要说服腓利门，凭爱心去接纳曾经逃走的仆人欧尼西慕。所以当保罗提及有关自己从其他信徒那里听到有关腓利门的消息时，首先想起的，顺理成章是他在其他信徒中间所表现爱心的行动，然后才想到他对主耶稣信心的表现，故此，保罗便按着自己思想的次序，先提腓利

⁴⁶ 参冯荫坤，《腓立比书》80。冯氏指出，除了腓一 3 以外，保罗书信中还有四处地方出现过"我的神"。参考他所列举的经文，会发觉他遗漏了哥林多前书一章四节。究其原因，相信是因为在一些抄本中，"我的"(mou)并没有在该处出现，而在 1963 年由德国学者 Nestle 和 Aland 所编的第廿五版希腊文圣经中，也没有采纳"我的神"这句话，而是仅仅选择了"神"。不过，在 1979 年第廿六版的希腊文圣经中，已经加上"我的"(mou)。
⁴⁷ 参 Church，"Structure" 22；Patzia 93。

门的爱心,然后才称赞他的信心。

究竟保罗从什么地方听到有关腓利门的事呢? 圣经没有清楚记载。凭推测,很可能是欧尼西慕遇到保罗的时候,曾把一些有关腓利门的事告诉他。如果我们接纳这推论的话,相信腓利门是一个真真实实、很有信心和爱心的人,因为作为一个雇主,被自己的工人,而且还是住在自己家中的工人称赞,特别显得难能可贵。另一方面,我们说过腓利门是住在歌罗西的,故此保罗亦有可能从以巴弗那里得到腓利门的消息,在歌罗西书一章七至八节,保罗说以巴弗把歌罗西教会信徒“在圣灵里的爱心告诉了他”,其中如果包括了有关腓利门的事,也是理所当然的。 此外,我们不能排除另一个可能,就是除了这二人外,保罗还可以从其他地方,知道有关腓利门的事。

爱心是信徒的标记(约十三 35)。在福音书中,当耶稣回答别人的询问时,他指出爱神和爱人是律法和先知一切道理的总纲(太廿二34~40;此亦参可十二 28~34)。保罗亦承接这看法,在加拉太书五章十四节强调全部的律法都成全在“爱人如己”这一句话里面(参罗十三8~10)。按照保罗的教训,圣灵所结的第一样果子便是爱(加五 22),但这并不是可以靠着自己奋力而有的,而须从神而来,并且藉着圣灵的赐与而得(罗五 5)。 故此,因着神的爱,信徒才有能力去爱神和爱人,所以,当保罗在信中称赞腓利门在众圣徒中有爱心的时候,是嘉许他能够将神的爱落实在教会生活中,把爱彰显出来。

保罗称信徒为圣徒,“圣”本来是指“分开”或“被分别出来”。当我们称一个物件是圣物时,表示该物件已被分别出来归神所有。保罗在罗马书十二章一节教导信徒要把自己的身体献上,作圣洁而蒙神悦纳的活祭,所以信徒本身就是被分别出来、归神所用的人。 由此看来,虽然保罗在腓利门书称信徒为圣徒,这并不表示他们在伦理操守上是完美无瑕、没有过错的圣人,而是指他们是一群被分别出来、献给神为活祭的人。 总括来说,“圣徒”一词并不能以伦理学的角度去了解,必须以献祭的观念去了解。

除了腓利门的爱心之外,保罗也听闻他对主耶稣有信心。“信心”是基督教重要的教训。在新约,特别是保罗的思想中,“信心”是人得救的途径(罗十 9~10),“信心”的内容是神使耶稣从死里复活(罗十 9),

藉着人相信神，他就可以求告神（罗十14），与神建立密切的关系。最
重要的是，在保罗的教训中，"信心"带有"顺服"的意思，[48]在罗马书十
五章十八和十九节，保罗不说使外族人相信，而说使外族人顺服。同
样，按照新译本的翻译，在十章十四至十七节，"信祂"和"顺从福音"是
互通的，所以"相信"不单单是头脑上的接受，而是整个人的摆上。故
此，雅各书的作者强调"信心若没有行为就是死的"（雅二17）。因此，
腓利门对主耶稣的信心并不只是头脑上的事，而是他对主耶稣的顺服，
并藉着信与主建立密切的关系。[49]

　　6　"我在祷告中求神使你因信仰的原故而作出慷慨的行动，会产
生功效，使人可以知道在我们中间一切的善行，都是为基督作的"　保
罗在第四节告诉腓利门他在祷告中记念他，在本节，他向腓利门透露祷
告的内容，他记念腓利门一直以来所作慷慨的事，更求神使用这些爱心
的工作，成为见证，叫人晓得这些善行虽然作在人身上，但实在是为基
督的原故而作的。

　　在上一节，保罗提及他听闻有关腓利门的爱心和信心，但在那节经
文，二者平排并列，中间没有显示什么相互的关系。在第六节，保罗进
一步指出二者之间的因果关系，信心是源头，爱心是结果。因为腓利门
是基督徒，是一个相信神的人，他能够在信徒中间作出慷慨的行动，对
弟兄姊妹有实际爱心的表现。

　　"慷慨的行动"虽然来自"信心/信仰"，但在日常生活中，无论在信
徒或非信徒的眼中，"慷慨的行动"都显而易见，但这行动背后的源
头——"信心/信仰"，以及二者的关系，却不容易察觉得到。故此，保罗
在祷告中，特别求神祝福这些"慷慨的行动"，不单对受惠的人有好处，
更成为信徒的见证，使人明白腓利门所作的善行，与一般善长仁翁所作
的善行有不同，就是腓利门作善事的动力来自基督，腓利门所作一切的
善行都是为基督的原故而作出来的。

　　7　"弟兄啊！我感谢神，因为你的爱心使我得到很大的喜乐和鼓

---

[48]　参 Ridderbos, *Paul* 237。

[49]　参 Vincent 179。作者指出，保罗不照惯常方法用 eis ton kurion Iēsoun 而用 pros ton
　　kurion Iēsoun，就是要强调腓利门与主在信和爱上的交通。

励；此外，我的喜乐和鼓励是因众圣徒的心藉着你得蒙舒畅" 保罗在第五节指出他感谢神的第一个原因，是因为他听到腓利门在信徒中有爱心和对主耶稣有信心。在第七节，保罗带出他感谢神的第二个原因，是腓利门的爱心使他得到很大的喜乐和鼓励。由此看来，第五和第七节在本段的结构上是平衡的，这两段经文同时解释保罗在第四节感谢神的原因。第五和第七节的着眼点大体来说也相同，都是因为腓利门的爱心而叫保罗感谢神。但这两节经文亦有不尽相同的地方，在第五节，保罗从整体信徒的角度去看腓利门的爱心，但第七节则着重保罗个人对腓利门爱心的感受。由此再引申两方面的教训。首先，保罗没有忽略自己或是信徒整体任何一方面的感受，当提及腓利门的爱心时，保罗一方面从信徒的角度去称赞腓利门，另一方面亦从自己个人的角度去称赞他。其次，腓利门的爱心没有偏重于一般的信徒，也没有偏向于早期教会伟大的使徒保罗，换言之，他的爱心是普遍的，没有厚此薄彼。以上两点相信可以作为今天信徒很好的提醒。

保罗感谢神，因为腓利门的爱心使他得到很大的喜乐，在保罗的著作中，喜乐并不是指一般性的喜乐，而是很特别的与信仰连上很紧密关系的喜乐，[50]它是圣灵所结的果子（加五 22；参罗十四 17；帖前一 6），并且与信心息息相关，[51]故此，信徒与其他人不同，在患难临到的时候仍然能够满有喜乐的心（林后六 10，七 4，八 2；帖前一 6）。除了喜乐之外，腓利门的爱心也使保罗得到很大的鼓励。一般来说，鼓励是给别人打气，使他能够迎向面前的工作或挑战。在新约，特别是在保罗书信，都清楚表明神是安慰鼓励的源头（林后一 3，"安慰" ＝ "鼓励"），是神透过信徒说出一切鼓励的话（林后五 20，"劝" ＝ "鼓励"）。因此，虽然保罗是因着腓利门的爱心而得到鼓励，但这鼓励也只是神藉着腓利门的爱心去帮助保罗，使他得到鼓励而已。

表面看来，语言是鼓励别人的媒介，当别人有需要时，我们通常靠说话或写上安慰说话的便条以鼓励别人。不过，鼓励人最好的方法相信还是实际的行动。保罗在哥林多后书七章六节说神给他的鼓励（安

---

[50] 参 Conzelmann, "chairē" in *TDNT* 9（1974）369。

[51] 参冯荫坤，《腓立比书》162。

慰)是安排提多到他的身边。在腓利门书,保罗得到的鼓励也十分具
体,是藉着腓利门使信徒的心得蒙舒畅。

不用细说,"心"在保罗笔下并不是一个生物学名词,指人的心脏;
而是指整个人,特别是针对人心灵的深处。故此,新译本把这个字在不
同地方作不同的翻译,在哥林多后书六章十二节译为"心胸",腓立比书
一章八节及歌罗西书三章十二节译为"心肠",而在腓立比书二章一节
更译为"慈悲"。"心"在保罗书信中共出现八次,但短短的腓利门书已
占了三次,显出在保罗书信中,腓利门书是最刻骨铭心的一卷。[52]

保罗虽然在信中多次称赞腓利门的爱心,特别是他在信徒中间实
际爱心的表现,不过,保罗没有让腓利门得意忘形,自以为了不起,可以
靠自己来帮助信徒,舒畅他们的心,使保罗得到喜乐和鼓励,因而感谢
神。相反,众圣徒的心是藉着腓利门而得蒙舒畅;换句话说,众圣徒的
舒畅是神透过腓利门而赐给他们的,神才是叫人舒畅的源头,腓利门不
过是神的工具。

"舒畅"可以指肉体的"休息"(可十四41,新译),但亦可以解释为
"解除精神上的负担"。在腓利门书六节,后者比前者的解释较为恰当。
"精神上的负担"可能是来自物质的缺乏,故此,腓利门供应信徒物质上
的需要,继而使他们解除精神上的负担。最后,"得蒙舒畅"是以完成时
态(perfect tense)出现,所以可能是指某一件特定的事件。[53] 有学者推
想这件事是主后60年的一次大地震,可能在那次地震中,腓利门曾经
救济其中受天灾影响的信徒,使他们受创的心灵得蒙舒畅。[54] 不过,我
们亦无法找到足够资料证实这项推论。

[52] 参 Köster, "splagchnon" in *TDNT* 7(1971)553。

[53] 参 Lohse 195。

[54] 参 Scott 105。

叁　请求
（8～20）

　　从第八节开始,保罗便进入这封信的核心部分,替欧尼西慕向腓利门求情,请他原谅这个逃走了的仆人。不少学者认为"请求"部分由第八节开始一直到廿二节,[1]不过,因为廿一节和廿二节明显地属于同一单元,两节经文紧紧连在一起,而第廿二节中的主题亦已经与保罗的求情无关,而转向针对保罗自己前面的计划,故此我不把廿一节和廿二节列入"请求"部分。换句话说,"请求"部分是由第八节开始,到二十节结束。

　　我们再将"请求"部分分为两段:第八至十四节为第一段,十五至二十节为第二段。这样分段,将第十五节看为新一段的开始,虽然得到不少学者支持,[2]但亦有不少学者不同意我们的解释,而赞成将八至二十节当作一整体来处理。[3]我们的分段是根据对十五节 gar 这希腊文连接词的理解而作的,故此到下面我们才再讨论这问题。读者有兴趣更深入理解这问题,可参阅经文翻译部分对十五节 gar 的分析。

(一) 8～14

8 基于上面所说的,我在基督里虽然可以放胆吩咐你应作的事,

9 不过,既然你是一个有爱心的人,我就宁愿请求你(况且我保罗已届中年,现在又是一个为基督耶稣被囚禁的人),

10 就是替我的儿子请求你,这儿子是我在监牢中所生的,他就是名字的意思是益处的欧尼西慕,

---

① 参 Ashby 1499;Bratcher, *Translator's Handbook* 122;Doty, *Letters* 43;Eerdman132;Fitzmyer 333;Hendriksen 216;Houlden 229;Patzia 94;Rupprecht 459。此外,亦参考 Church, "Structure" 21,Church 认为八至十六节是内容,而十七至廿三节是结束部分。

② 参 Bruce 216;Carson 109;Scott 109。

③ 参 Ellicott 277;Lohse 196;Martin 162;Moule 144;O'Brien 284;Vincent 182。

11 他从前对你没有什么益处，但现在无论对你对我都有益处。

12 我现在打发他回到你那里去；这个人，他是我所心爱的。

13 我本来想把他留在这里，使他在我为福音被囚禁时，可以替你服事我。

14 但还没有得到你的同意，我就不愿意这样作，好叫你这件善行不像是出于勉强，而是出于甘心。

经文翻译

8　"基于上面所说的"　希腊文圣经以 dio 来开始第八节。这连接词通常被译为"所以"或"因此"，用来表示两个句子的关系，上一句是因，下一句用 dio 的句子是果。在腓利门书八节，dio 表示保罗在这节中所作出的决定，是建基于他在第七节中认定的信念。和合本，新译本，当代圣经和新约圣书等都没有翻译这连接词，故此无法带出这段经文与上文的关系。其他译本则把 dio 分别译为"为此"(思高)，"既然"(现中)，"所以"(吕译)和"故"(文理)。以上各译本的翻译都准确地说明第八节与上一节的关系。不过，因为第八节是一个新段落的开始，故此我们没有采用以上的翻译，以免在行文上显得兀突。在此把 dio 译为"基于上面所说的"，一方面可以保存第八节与上文的关系，另一方面亦带出一个新段落的开始。

"我在基督里虽然可以放胆吩咐你应作的事"　"在基督里"(en Christō(i))是保罗自创的神学用语，④这句话带有不同的意义。首先，可以解释为"靠着基督"(和合)，这既是说，保罗因着基督的原故，成为使徒，带有使徒的权柄，可以吩咐腓利门作他认为合宜的事。⑤ 另一个强调保罗对权力的解释，是把"在基督里"看作为"运用基督权力"(当圣)。⑥ 不过，因为第八节在整卷腓利门书中虽然是语气较重的一节，但整体而论，保罗在信中没有强调自己使徒的身份，运用使徒的权力，

---

④ 参 Oepke, "en" in *TDNT* 2(1964)541.

⑤ 参 Lightfoot 335.

⑥ 参 Wedderburn, "Observations" 86.

故此,把 en Christō(i)翻译为"靠着基督"或"运用基督权力"实在不大
恰当。比较可接受的做法,是把"在基督里"解释为"作为基督徒的身
份"。⑦ 换句话说,因为保罗和腓利门同是基督徒,是主内的弟兄,所以
保罗可以放胆吩咐腓利门。这样看来,现代中文译本把"在基督里"意
译为"我是你在基督里的弟兄"很能表达这个句子的含意。不过,既然
en Christō(i)是保罗常用的句子,在他的书信中经常出现,我们便不只
意译这句话,而把句子完整地从原文沿译过来,成为"在基督里"。

　　"我……虽然可以放胆"(parrēsian echōn),从原文直译是"我有勇
敢"。"我有"(echōn)以分词(participle)形式出现,而从上下文来看,
这分词带有让步的意思(concessive participle),⑧所以我们将 echōn
翻译为"我……虽然可以"。"放胆"(parrēsian)在希腊文本来是一个
与政治有关的字,指市民在市议会自由发言,表达意见的权利;后来发
展成为描写朋友之间真诚、不用阿谀奉承的交往,最后,新约时期的犹
太学者用 parrēsia 来描写人与神之间没有隔膜的关系。⑨ parrēsia 在
保罗书信中共出现八次;在腓利门书八节,这字带有朋友间关系的含
义,指信徒间的坦诚相处。因为保罗和腓利门是主内弟兄的关系(en
Christō(i)),故此不用掩饰,可以"放胆"表达心中想说的话。由此看
来,"放胆"并不是有勇气,而是指没有顾虑,可以安心地说话。所以,思
高圣经在"大胆"之前加上"放心"是很恰当的润饰。

　　9　"不过,既然你是一个有爱心的人,我就宁愿请求你"　除了现
代中文译本和吕振中译本依照原文圣经的结构,把"不过,既然你是一
个有爱心的人,我就宁愿请求你"放在第九节前面的部分,其余的中文
译本,都改动了原文的先后次序,把句子放在整节最后的地方。既然能
够保留原文的结构,而又不失原文的意义,我们乐意仿效上面两个译本
的例子,把"不过,既然你是一个有爱心的人,我就宁愿请求你"放在句
子的前面。

　　"不过,既然你是一个有爱心的人,我就宁愿请求你"在原文是 dia

---

⑦ 参 Oepke, "en" 541。

⑧ 参 Harris 258; Moule *Idiom Book* 102; Robertson, *Word Pictures* 466。

⑨ 参 Van Unnik, "Freedom of Speech" 273 – 275。

tēn agapēn mallon parakalō。和合本,新译本和当代圣经都把 dia tēn agapēn 翻译为"凭着爱心",而文理和合本则翻译为"以爱"。用"凭着爱心"或"以爱"来翻译 dia tēn agapēn 实在不恰当,因为这翻译令人误以为爱心是工具或媒介,保罗运用爱心去请求腓利门,以期达到目的。dia tēn agapēn 不可能有此含义,假若爱心是工具或媒介,"爱心"便不应该如第九节般以直接受格(accusative case)tēn agapēn 出现,而必须以所有格 tēs agapēs 出现。既然"爱心"一字是以直接受格出现,前面的 dia 便应翻为"因此","由于"或"为了……原故",故此,思高译本的"因着爱德"以及吕振中译本的"为了爱心的原故"便较和合本、新译本和当代圣经准确了。不过,为求更透切地表达原文的含义,和使译文更流畅,我们把 dia tēn agapēn 意译为"既然你是一个有爱心的人",并在前面加上"不过",全句便是"不过,既然你是一个有爱心的人,我就宁愿请求你"。

"爱心"在原文带有冠词(article)。一般来说,因为"爱心"是抽象名词,故此按照希腊文法,是不需要冠词的,⑩但这里保罗在"爱心"之前加上冠词,显示这"爱心"并不是保罗自己的爱心,而是上面第五和第七节经常提及腓利门对待主内弟兄姊妹那份爱心。⑪ 另一方面,就文法结构而论,在"爱心"之前加上冠词亦可显示这是基督徒所特有、从神而来的那份爱心。⑫ 不过,从上下文的脉络来看,把"爱心"看为是腓利门的爱心是比较自然的解释。为要更明确表达这个意思,我们特别指明"爱心"是"你是一个有爱心的人"。

"(况且我保罗已届中年,现在又是一个为基督耶稣被囚禁的人)"

在翻译方面,最受争论的是"已届中年"这一句。"已届中年"译自 presbutēs,原意是"年老或年长的男人",故此不少中文译本都把这个字翻译为"上了年纪"。不过,文法学者指出 presbutēs 是年龄由四十九至五十六岁的男性,五十六岁以上的男子则称为 garon,⑬故此我们相

---

⑩ 参 Zerwick,*Greek* §§ 176 – 179。

⑪ 参 Calvin 352;O'Brien 289。

⑫ 参 Lightfoot 335;Lohse 198;Maclaren 449;Vincent 183。

⑬ 参 Robertson,*Word Pictures* 466。

信翻译 presbutēs 为"已届中年"较为恰当。有学者指出,在保罗的年代,presbutēs 除了可以译为"年老或年长的男人"之外,也可以作为presbeutēs(使者)的同义词,[14]所以现代中文译本翻译为"大使",而这解释亦得到不少圣经学者支持。[15] 他们指出保罗在以弗所书六章二十节自称为"被捆锁的使者",因此他在腓利门书九节称自己为一个为基督耶稣被囚禁的使者,亦与一贯的做法一致。不过,我们相信把presbutēs 解释为"已届中年"最符合这节经文的上文下理,而这看法也得到不少学者支持。[16] 保罗既然在信中申明不仗自己的身份去吩咐腓利门做应作的事,而宁愿基于腓利门的爱心去请求他,故此我们很难相信保罗会突然在第九节强调自己有神使者的身份,在同节的下半部却再说自己是一个为耶稣基督被囚禁的人,虽然这不是一个蒙羞的身份,因为为基督受苦是保罗作使徒的印记,但这也绝不是用来强调保罗权威的,故此,当保罗在同一句说话中称自己是一个 presbutēs 时,最合理的解释是把这个字翻译为"已届中年"而不是"使者",因为"已届中年"较"使者"与同节中保罗所用的身份较为对称。

　　"为基督耶稣被囚禁"是翻译自希腊文 desmios Christou Iēsou,这句子在第一节曾经完全一样地出现过。至于我们为什么把 desmios Christou Iēsou 翻译为"为基督耶稣被囚禁",而不译为"一个属于基督耶稣的囚犯",请参考我们在第一节"经文翻译"部分的讨论,在此不再重复。

　　10　"就是替我的儿子请求你,这儿子是我在监牢中所生的,他就是名字的意思是益处的欧尼西慕"　如果把上面的翻译与各中文译本比较,这译文较其他翻译累赘,因为本句在原文是一段十分小心写成的文字,保罗刻意先介绍他与欧尼西慕的关系和后者信主的背景,最后才

---

[14] 参 Lightfoot 336–337。

[15] 参 Ashby 1499；Bruce 212；Caird 221；Carson 108；Houlden 230；Knox 565–566；Lightfoot 336–337；Martin 163；Moule 144；Oesterley 213；Preiss, *Life* 37–78；Wiles, *Paul's Intercessory Prayers* 217。

[16] Barclay 320；Bornkamm,"presbuteuo" in TDNT 6（1968）683；Fitzmyer 333；Hendriksen 217 注 183；Lenski 960–962；Lohse 199；Meyer 405；Scott 107 和 Vincent 184。

说出欧尼西慕的名字。为了保存原文的语调,我们不惜繁复一点,尽量依照原文的句法和次序。

在原文圣经,保罗在两处地方加强了语气。假若我们比较第九节的"不过,既然你是一个有爱心的人,我就宁愿请求你"(dia tēn agapēn mallon parakalō)和第十节的"就是替我的儿子请求你"(parakalō se peri tou emou teknou),会发觉句子经过翻译之后,看来分别不大,但在希腊文圣经,"请求"(parakalō)一字在第九节是在句子最后的位置,但在第十节,"请求"却被放在句子的开首,是全节经文的第一个字,因此相信保罗在第十节的请求比较第九节更加恳切。另外,"我的儿子"中"我的"二字,翻译自希腊文所有代名词(possessive pronoun)emou。多数新约作者,更特别是保罗,当要表达"我的"这思想时,多数用人物代名词的所有格(genitive of personal pronoun)而少用所有代名词,故此每当这所有代名词出现时,都带有加强语气的作用,[17]正如在腓利门书十节的情况一样,正表示了保罗刻意强调欧尼西慕是他自己的儿子而不是别人的儿子。

大部分中文翻译都把保罗在狱中带领归主的人的名字按照希腊文Onēsimos的发音翻过来,故此新译本圣经是"欧尼西慕",和合本和当代圣经是"阿尼西母",现代中文译本是"阿尼西谋",思高圣经是"敖乃息摩",只有吕振中译本一反过往名字采用译音的习惯而取其含义,把Onēsimos译为"有益"。这点是十分重要的,因为在第十一节,保罗就是运用欧尼西慕的名字是"益处"这点来开玩笑,幽默地说未信主前,这位称为"益处"的仆人对主人一点益处也没有,但在信主后,他却变得对各方面都有益处了。和合本圣经在"阿尼西母"之后以细字解释"阿尼西母"是益处的意思,就是要让读者明白保罗的幽默感。新译本,思高圣经,现代中文译本都没有为这名字作解释,实在很可惜,对明白第十一节保罗一段话的含义,有一定的影响。我们不采取吕振中译本的做法把Onēsimos意译为"益处",因为"益处"听起来太不像名字了,我们也不仿效和合本的做法将这名字的意思以细字的形式出现。我们宁愿

---

⑰ 参 Robertson, *Grammar* 684－685。

效法当代圣经,在"欧尼西慕"前面,加上"名字的意思是益处的"一句话,这样做一方面保留翻译圣经人名时按音译的习惯,另一方面又希望读者藉着我们对这句的解释,可以认识到保罗幽默的一面以及说这话时的心境。

11 　"他从前对你没有什么益处,但现在无论对你对我都有益处"

在第十一节,保罗跟腓利门说欧尼西慕从前"对你"(soi)没有益处,但自从欧尼西慕信了主后,他无论"对你"(soi)"对我"(emoi)都有益处。表面看来,第一个"对你"和第二个"对你"没有什么分别,从希腊文音译为英文也看不出分别。不过,在希腊文圣经中,第一个"对你"上面没有重音符(accent),而在第二个"对你"上却加上了重音符,显示"对你"两次的出现并非完全相同。相比之下,因为加上了重音符,后者的语气比前者强。另一方面,"对我"是翻译自希腊文的代名词(personal pronoun)emoi。这代名词是以间接受格(dative case)出现,这间接受格可以有两个不同的形式,第一个形式是 emoi,而第二个是 moi。在希腊文,前者除了多用一个字母外,还加上重音符。一般来说,后者较前者多见,但每当作者选用前者时,总表示他有意加重"对我"的语气。以腓利门书十一节来说,就我们在两方面的讨论,可以结论说,保罗刻意强调欧尼西慕信主后对腓利门和保罗自己的好处。

有学者进一步指出,在希腊文的语法上,当"对你"和"对我"并列出现时,作者多会把"对我"放在"对你"之前。[18] 这即是说,按照一般的书写风格,保罗应该说,"但现在无论对我对你都有益处",而不是说"……对你对我……"。所以,虽然对应着十一节上半部,下半部被保罗加强了语气,但假若我们再细看下半节,在"对你"和"对我"中间,保罗的重点是放在前者的,他是要强调欧尼西慕信主后对腓利门的益处。

12 　"我现在打发他回到你那里去;这个人,他是我所心爱的"

"我现在打发"是翻译自希腊文 anepempsa,以过去不定时时态(aorist tense)出现。严格来说,在"打发"之前应该加上的是"已经"而不是"现在"。我们可以设想保罗在写腓利门书之前已经打发欧尼西慕回到他

---

[18] 参 Lightfoot 338。

的旧主人腓利门那里,后来,或许保罗觉得这样做不大妥善,对欧尼西慕这个曾经逃走过的奴仆可能会相当不利,故此马上写一封信给腓利门,替欧尼西慕求情,为他讲些好话,希望腓利门可以原谅他。不过,假若我们接受这是保罗说这句话时的历史背景,相继便引发出不少问题来。这封腓利门书由什么人带给腓利门呢? 当日的邮政服务又必定比不上今天的快速和方便,恐怕未必能够赶得上已经起程出发了的欧尼西慕。此外,为什么保罗会打发欧尼西慕空手回到腓利门身边呢? 这样做不是有些鲁莽吗?

　　一个简单的方法去避免这一连串问题是把这过去不定时时态解释为书信的过去不定时时态(epistolary aorist)。这即是说,保罗设身处地以读者身份写出这段说话,所以将一个现在进行的行动以过去不定时时态来表达。因为当读者有机会阅读到这段话的时候,打发欧尼西慕回到腓利门身边的事已经成为过去了。在希腊文的文法中,书信式的过去不定时时态经常出现,十分普遍,故此腓利门书十二节的例子也并非少见。[19]

　　新译本及和合本圣经在"打发他"之后加上"亲自"一词,使"他"一字的语气强了不少。吕振中译本不加上"亲自"而加上"本人",亦有异曲同工之妙。不过,在原文圣经,这节圣经没有"亲自"或"本人"。以上三个译本的译者或许是把在"你"(soi)一字之后的人称代名词 autos 解释为加强语调的代名语(emphasizing pronoun)。[20] 不过,就 autos 一字在句中的位置,以及与"他"(hon)的距离来看,不应该被看为是加强语调的代名词,故此我们没有仿效这些译本的做法,在"他"之后加上"亲自"或"本人"一词。

　　autos 在本句的作用是重拾句首的人称代名词 hon,而将思想引导到十二节的下半部。这代名词的出现,显示本节经文在行文上有一点累赘。我们不加润饰地将本节经文翻译过来,译文看来不免令人觉得繁复,但这或多或少也可以带出保罗写这段经文时的心境。

---

[19] 参 *BDF* § 334;Moule,*Idiom Book* 12;Moulton,*Grammar* III 72 - 73;Robertson,*Grammar* 845 - 846。

[20] 参 Harris 262;Moulton,*Grammar* II 435。

最后,正如保罗在第十节称欧尼西慕是"我的儿子"一样,当保罗在本节形容欧尼西慕是"我所心爱的"时,"我的"背后的希腊文是所有代名词 ema,而不是惯用的人物代名词所有格,故此,当保罗说欧尼西慕是"我所心爱的"时,"我的"这一语调也因采用了所有格代名词而被强调了。

13 "我本来想把他留在这里" "我本来想把他留在这里"是翻译自希腊文 hon egō eboulomēn pros emauton katechein。首先,要留意保罗在句中运用了代名词 egō。希腊文的动词本身已经蕴藏了行动的执行者,故此多数情况不需要使用代名词。保罗在这节经文的动词eboulemēn 之前还另外加上代名词 egō,显示他想加重语气,强调他十分希望把欧尼西慕留在身边。

"想"的希腊文是 eboulomēn,这动词是以过去未来完成时态(imperfect tense)出现。每当圣经作者运用这时态,都带有特殊的含义。在腓利门书十三节的过去未来时态表示事件的延续性,这是说,把欧尼西慕留在保罗身边这念头在保罗脑海中已经停留了一段时间,保罗曾经反复思想这件事的可行性。[21] 另一方面,过去未来时态如果用在一个与希望有关的字时,就表示作者本身亦察觉到这个念头是不可能达成的愿望。[22] 换句话说,保罗虽然十分希望把欧尼西慕留在身边,但他也深知这是不可能的。故此,我们在翻译的时候,特意在"想"之前加上"本来"二字,表示这是一个不能实现的希望。

"使他在我为福音被囚禁时,可以替你服事我" 有关"在我为福音被囚禁时"(en tois desmois tou euaggeliou)中,tou euaggeliou 的所有格被译为"为福音"的讨论,参第一节经文翻译部分。

在原文,"可以替你服事我"(hina huper sou moi diakonē(i))中的"你"(sou)和"我"(moi)在位置上是紧紧地靠在一起,再比较这两个代名词,前者(sou)加上重音符(accent)而后者(moi)却没有。不过,这并不表示在"可以替你服事我"这句子中,重心是放在"替你"之上,因为sou 之前是介系词 huper。按照希腊文文法,紧接着介系词的人物代名

---

[21] 参 Lightfoot 339;O'Brien 293。

[22] 参 BDF § 359.2;Lightfoot 339;Oesterley 214 和 Zerwick, *Greek* §§ 273,356。

词 su 和 egō 都必须加上重音符，㉓故此，虽然 sou 加上了重音符，仍不表示 sou 是这句的重心。

14 "但还没有得到你的同意，我就不愿意这样作" 正如在第十节中保罗称欧尼西慕为"我的儿子"，他用了所有代名词 emou 来指出欧尼西慕不是别人的儿子，而是"他的"儿子。在第十二节，保罗也运用了所有代名词 ema 来强调欧尼西慕是"他"所心爱的人。同样，在第十四节，当保罗对腓利门说因为没有得到"你的同意"(tēs sēs gnōmēs)就不愿意私自把欧尼西慕留下来的时候，保罗也是用了一个所有代名词 sēs 来强调他所要的，不是别人的同意，而是腓利门本人的同意。

"愿意"(ēthelēsa)与上节的"想"(eboulomēn)虽然在希腊文上是两个截然不同的字，但在含义上却大同小异，没有很大的分别。当某人愿意有某些东西的时候，亦即是他想得到那些东西。故此，保罗在两节经文分别选用不同的字，相信是要使这封信在用字上有点变化，文采较为丰富。虽然这两个字在含义上没有显著的分别，但在腓利门书十三节和十四节，这两个字都以不同时态出现，这一点是值得注意的。当保罗在第十三节说他"想"(eboulomēn)把欧尼西慕留在身边时，这"想"是以过去未完成时态表达，但在第十四节，当保罗说他不"愿意"(ēthelēsa)这样作时，"愿意"却是以过去不定时时态出现。因为过去未完成时态是表示一个连续不断的行动，而过去不定时时态则表示一个一下子完成的行动。根据这两个字不同的时态，我们可以解释说，当保罗想把欧尼西慕留在自己身边的时候，这念头在他的脑海中停留了一段时间，他曾经反复思想这个问题，但基于未曾得到腓利门的同意，他便不愿意这样做，因此打消这念头，把欧尼西慕送回腓利门那里，这是爽快和毅然作下的决定。

"好叫你这件善行不像是出于勉强，而是出于甘心" "善行"(to agathon)在第六节中曾经出现过，比较同一字在两处地方的用法，前者没有冠词(article)，这表示在保罗心中，第六节所提及的善行是一般性的善行。但到了第十四节，当保罗再一次提及善行的时候，他在"善行"

㉓ 参 *BDF* § 279；Harris 264；Moulton，*Grammar* II 180。

之前加上冠词，表示在他的意念中有一件特定的善行。故此，在翻译的时候，我们特别在"善行"前加上"这件"，好让读者知道这里所提及的善行是一件实际摆在腓利门面前，有待他甘心乐意去作的善行。

比较各中文译本，agathon 多翻译为"善行"（和合，新译）或"善"（思高，文理，圣书）。现代中文译本没有把这个字翻出来，只简单地说"我希望一切都是出于你甘心乐意"，不过，字里行间亦显示"一切"蕴含了"善行"的意义。吕振中译本把 agathon 译为"亲切关照"，或许会令读者误以为保罗期待腓利门甘心乐意做的事是对保罗有利的，故此我们觉得这翻译并不理想。最后，当代圣经把 agathon 翻译为"对我的敬爱"。首先，这也犯了与吕振中译本相似的毛病，容易使人联想这"善行"会使保罗得益。另一方面，用"敬爱"来翻译 agathon 并不恰当，因为"敬爱"的希腊文应是 agapē 而不是 agathon。虽然善行（agathon）源于爱心（agapē），但二者在翻译上应有不同，不能混为一谈。

最后，在"出于勉强"（kata anagkēn）前面，保罗加上 hōs。hōs 是一个有多种不同含义的字，[24] 从腓利门书十四节的脉络来看，hōs 应该被解释为"好像"或"似乎"。一般中文译本都把 hōs 略去不译，但我们却刻意在"出于勉强"之前加上"不像是"，以求忠于原文圣经的信息。

经文分析

8 *"基于上面所说的，我在基督里虽然可以放胆吩咐你应作的事"*

自第八节开始，保罗转谈另一个话题，同时亦进入全卷书信的要旨，保罗请求腓利门原谅和接纳欧尼西慕这个曾经逃走过的奴仆。不过，这并不表示第八节与前面的经文（特别是四至七节）毫无关系。反过来说，保罗在第八至二十节替欧尼西慕向腓利门求情，是建基于腓利门的爱心，而保罗在四至七节中曾屡次提及这爱心。故此，作出请求之前，保罗特别申明，他的请求是"基于上面所说"，因为腓利门是一个有爱心的信徒。

接着保罗指出腓利门和他既然同是基督徒，是弟兄，是"在基督里"

---

[24] 参 *BAG* 897 - 899 s.v. "hōs"。

的人,㉕所以他可以毫无顾忌,"放胆"将合宜的事指出让腓利门知道,并且用长者的身份"吩咐"他去办这件事。故此,"放胆"不是指勇敢,也不是指势力,㉖而是指信徒之间因为有弟兄的关系,可以毫无顾忌,坦然"放胆"地说出心中的话。㉗

"应作的事"是指一些合宜的、应该作的事。有学者认为,"应作的事"是指道德规范,一些非如此照办不可的命令,假若违背了命令,便是得罪神和犯罪。㉘ 我们认为这解释并不正确,㉙按照当时罗马的法律,奴仆是主人的财产,一旦逃走,按理应受处罚。在腓利门书,保罗亦明言他愿意依照当时法律的程序来处理这件事,承担责任(参十九节)。他虽然很希望腓利门能够凭爱心接纳欧尼西慕,但假若腓利门选择执行公义,维护自己应有的利益,按照法律的指引去惩罚欧尼西慕,也不见得有什么不对的地方。正如有学者指出,有关腓利门和欧尼西慕主仆二人之间的事,虽然保罗把自己的意愿清楚表达出来,但他还是让腓利门去选择处理的方法,腓利门唯一要遵行的守则,是把欧尼西慕作为亲爱的弟兄看待。㉚

我们曾经多次指出,保罗写腓利门书的目的是替欧尼西慕求情,请腓利门收纳他,不过,这请求直到第十七节才说出来。但这延迟并不是表示保罗犹疑不决,不知该向腓利门提出什么要求才合适。相反地,在第八节,当保罗说他可以吩咐腓利门作"应作的事"时,"应作的事"是以单数的形式出现,显示早在这节,保罗心目中很可能已经有一件特定的事希望腓利门去完成,只不过他当时没有立即把这要求说出来吧。

9 "不过,既然你是一个有爱心的人,我就宁愿请求你(况且我保罗已届中年,现在又是一个为基督耶稣被囚禁的人)" 虽然在情理上

㉕ 有关"在基督里"一词的含义,请参看本文翻译部分的讨论。

㉖ 参 Bratcher, *Translator's Handbook* 122；Calvin 352；Hendriksen 216；Houlden 229；Knox 265；Lightfoot 335；Lohse 198；Rupprecht 460 - 461；Schlier, "parrēsia" in *TDNT* 5(1967) 883；Scott 106。

㉗ 参 Lenski 959；O'Brien 288；Van Unnik, "Freedom of Speech" 273 - 275。

㉘ 参 Derrett, "Functions" 86；Lightfoot 225；Martin 163；Meyer 403；Oesterley 213；Schlier, "anēkei" in *TDNT* 1(1964)360。

㉙ 参 Lohse 198；O'Brien 288。

㉚ 参 Holmberg, *Paul and Power* 84。

保罗可以借助长者的身份和使徒的权柄去吩咐腓利门作他认为合宜的事，但保罗却不愿这样做，他宁愿请求他。因为保罗知道腓利门是一个有爱心的信徒，而他的爱心亦切实地在保罗和其他信徒身上发生过果效，故此保罗便毅然因着腓利门的爱心去替欧尼西慕求情，希望他会答应请求。

除了上述的理由外，还有两个原因促使保罗不以长者身份去吩咐腓利门，而改用请求的口吻去求他。首先，保罗当时已经是一个中年人，年纪大约在四十九至五十六岁之间，故此在对人处事上，积聚了不少经验，知道不应该用命令方式去吩咐腓利门作自己认为合适的事。另一方面，保罗当时正在监牢中，虽然他并不是由于为非作歹而下监的，他是因为主的原故被关在牢狱中，但作为囚犯，用请求而不是吩咐的态度总是比较合宜的。

我们相信还有一个因素令保罗宁愿请求腓利门而不去吩咐他，不过保罗没有明白说出来而已。依照当时罗马有关奴仆的制度，奴仆是主人的财物，逃走了便触犯法律，如果有私自收留逃走的奴仆，占为己用，亦是犯法的，必须负上责任，补偿原主人财物上的损失。在第十九节，保罗声言自己必定偿还，就是说他愿意承担整个责任，这亦表示保罗深明当时有关奴仆的法律。故此，保罗知道自己所要求的，是要腓利门法外施恩，不计较财物的损失，凭着爱心接纳欧尼西慕，所以在语气上，请求较吩咐来得更合情理。

10 "就是替我的儿子请求你，这儿子是我在监牢中所生的，他就是名字的意思是益处的欧尼西慕" 读者也许觉得本节经文有点繁复，但我们相信保罗刻意这样安排句子的结构，将欧尼西慕的名字放在句子最后。不管欧尼西慕逃走时有没有偷走主人的财物，但他逃走这件事本身已经使腓利门蒙受损失和不便。欧尼西慕平时负责的工作要临时找人替代，腓利门还要抽空去办手续，出通告，在政府登记有奴仆逃走了，以便可以按正常的途径去找他。保罗有意把欧尼西慕的名字拖延到最后才说出来，他在前面先说尽好话，叙述怎样在监牢中带领他信主，二人关系好像父子一般亲密等等，他就是要避免腓利门一听到欧尼西慕的名字就立即动怒，以致保罗接着所说的话，也因腓利门气愤而听不进去。[31]

保罗称欧尼西慕是他在狱中所生的儿子,用"儿子"来形容他与其他信徒的关系是保罗一贯的做法,在哥林多前书四章十五节和加拉太书四章十九节,保罗都以"生产"来比喻他建立教会时所作的努力。此外,提摩太(林前四 17;腓二 22;提前一 2;提后一 2)和提多(多一 4)都被称为保罗的儿子。保罗叫那些与自己有关的信徒为儿子相信是受当时环境的影响,因为新约时期的犹太拉比亦称呼自己的门生为"儿子"。在旧约列王纪下二章十二节也记载以利沙称以利亚为父。

"欧尼西慕"(Onēsimos)在希腊文的意思是"有用"或"益处",这是一个常见的名字,相信是与名字的含义有关,当时很多奴仆都叫"欧尼西慕"。[32] 在安提阿主教伊格那丢写给以弗所教会的信中,当地主教的名字刚好也叫欧尼西慕。假若这两个欧尼西慕是同一个人,那么腓利门后来便真的顺从保罗的意思,让欧尼西慕去帮助他,于是这位一度背叛主人的欧尼西慕努力作工,为神所用,最后成为以弗所教会的主教。[33]

11 "他从前对你没有什么益处,但现在无论对你对我都有益处"

在保罗的书信中,大多数内容都是严严肃肃地讨论救恩、信徒生活和教会的问题。比较起来,腓利门书十一节便显得特别珍贵。这段经文让我们接触到保罗轻松的一面,帮助我们加深了解保罗的为人。[34] 保罗在本节用欧尼西慕的名字与腓利门开玩笑。他打趣说,欧尼西慕这奴仆的名字的意义是"益处",可是他却名不符实,从前他对腓利门一点益处也没有,但现在欧尼西慕已变得人符其名,他无论是对主人腓利门,或是对保罗自己都十分有益处。不用细说,欧尼西慕由毫无益处变成满有益处的转折点是他相信了基督。由此看来,作基督徒不单是头脑上认知的问题,也不单是死后能否进天堂的问题,而是现今生活的改变,人生观的改变和价值取向的转变。藉着各方面的转变,才使欧尼西

---

[31] 参 Church，"Structure" 26。

[32] 参 *BAG* § 570 s. v. "Onēsimos"。有关欧尼西慕名字在新约以外出现的情况,参 Horsley，*New Documents* IV 179 - 181。

[33] 有关这方面的讨论,参附录二"诺克斯丁反传统的看法"。

[34] 有关保罗在腓利门书表达的幽默感,参 Jönsson，*Humour* 270 - 275。

慕这个不忠心、没有用的奴仆，摇身一变成为有用的人。在加拉太书五章十六至廿四节和歌罗西书三章十一节，保罗都指出基督徒要脱去旧有腐败的行为，转向光明、正直、顺从圣灵的生活，保罗还列举两种生活的分别，这些经文正好作为腓利门书十一节的注脚。

　　保罗为什么突然与腓利门开起玩笑来呢？一直以来学者都忽略这个问题。我们相信这牵涉到保罗的心理状态。有学者曾经研究保罗的背景，指出保罗既然是一个罗马公民，必定享有罗马公民所拥有的特权和地位，而保罗在社会上的地位可能已属中产阶级或以上，这样的人必定有相当强的自尊心，故此，在腓立比书四章十五至十九节，当保罗要多谢腓立比教会在经济上的支持时，他显得忐忑不安，以至那段经文出现不少商业用语。㉟同样，在腓利门书中，保罗是以一个来自中上阶层身份的人，替欧尼西慕向腓利门求情，还希望他让欧尼西慕自由地帮助保罗，这简直是开口向别人要东西，向腓利门求一些属于他自己的东西。所以就难怪保罗觉得有点不好意思，难于启齿。故此他先与腓利门开个玩笑，绕个圈子，轻松一下自己紧张的心情，好让自己能放下面子，放胆说出心中的话，向腓利门提出请求。

　　12　"我现在打发他回到你那里去"　按照新约时期的法律，一个奴仆如果逃离主人，可以去投靠神坛，以求庇护，这神坛不需要一定是庙宇的坛，也可以是普通人家的神坛，故此当时不少家庭把神坛设在屋外，免得有奴仆来求保护而被骚扰。在新约时代，一旦有奴仆来投靠神坛，那家的家主便有责任收留奴仆，游说他回到原来主人那里，同时亦要尝试安抚相关的主人，使他息怒，收回曾经逃走的奴仆。但如果那奴仆坚决不肯回去，那位家主便要把奴仆拍卖，将卖得的金钱交给原来的主人，㊱只是他不可私自把奴仆留为己用，因为这是属于别人的财物，一旦被发现把奴仆据为己有，便要向原主人按日子长短作赔偿。㊲

㉟　参 Dodd，"Mind I" 70－72。有关腓立比书四章十五至十九节中一些商业用语，参冯荫坤，《腓立比书》475－490。此外，保罗在腓利门书中也运用了不少商业用语。参 Martin，"Function" 321－322；Wiles，*Paul's Intercessory Prayers* 216 注 7；Winter，"Letter" 2。

㊱　参 Goodenough，"Paul and Onesimus" 181－183。有关新约时期一般奴仆的待遇及寻求自由的途径，参 Bartchy，*Slavery* 37－125；Osiek，"Slavery" 151－155。

㊲　参 Martin 145－146。

　　旧约也有处理奴仆逃走的问题，申命记廿三章十六节和十七节教导以色列人要收留逃走的奴仆，不可把他们送回原来主人那里。乍看起来新约时期的社会法律与申命记的律例有出入，而保罗却选择跟从社会的法律而不跟从旧约的教导。但实质上，申命记的守则是针对从外地及外邦主人手上逃走往以色列境内求庇护的奴仆，故此不完全适用于欧尼西慕的情况。⑧ 另一方面，十诫中的最后一诫清楚说明"不可贪恋人的房屋，也不可贪恋人的妻子，仆婢，牛驴，并他一切所有的"（出二十17），所以保罗按照当时法律的规定，并旧约的教训，把欧尼西慕差遣回腓利门身边。不过，我们相信欧尼西慕不是只身回去的，他带着写给歌罗西教会和腓利门的信，与推基古一同回去（参西四7~8）。⑨

　　"这个人，他是我所心爱的" 保罗告诉腓利门他要打发欧尼西慕回到他那里去之后，他再一次替欧尼西慕说好话，说欧尼西慕是他所心爱的人。"他是我所心爱的"（tout' estin ta ema splagchan）从原文直译过来是"他是我的心"。"心"字与第七节"众圣徒的心"那句中的"心"是同一个字。因为选用了同一个"心"字，使第十二节产生很微妙的效果，这节就变得特别有意思。在第七节，保罗称赞腓利门使众圣徒的心得舒畅。保罗虽然是使徒，但当然他也是圣徒，有圣徒的身份，所以腓利门也应尽力使保罗的心得舒畅，但既然欧尼西慕是保罗的心，那么，要使保罗的心得舒畅便是使欧尼西慕得到舒畅。⑩ 但究竟要怎样做才能使欧尼西慕得到舒畅呢？ 显然是要接纳他，和原谅他过往的过错了。

　　13　"我本来想把他留在这里，使他在我为福音被囚禁时，可以替你服事我" 我们多次提及保罗写腓利门书的目的，是替逃走了的奴仆欧尼西慕向他的主人腓利门求情，请求他原谅欧尼西慕的过错，重新接纳他。保罗还希望腓利门能够让欧尼西慕得自由，使他可以与保罗一起同工，在福音的事上帮助保罗。保罗迟迟没有提出第一项请求，一直

⑧ 参 Cragie, *Deuteronomy* 300 - 301；Derrett, "Functions" 79。此外，有关新约时期犹太拉比对申命记廿三章十六至十七节的解释和应用，参 Tomson, *Paul* 91 - 94。

⑨ 参鲍会园，《歌罗西书》14 - 15。

⑩ 参 Church, "Structure" 24。

到第十七节他才透露自己的想法。其实,在全卷腓利门书,保罗根本没有正面要求腓利门让欧尼西慕得自由,让他参与保罗的宣教工作,我们只能从字里行间察觉这意愿一直环绕在保罗的心间。我们在第十三节第一次看到保罗的心意。在本节的上半部,保罗清楚提到他想把欧尼西慕留在自己身边。当然,保罗没有向腓利门提出任何请求,没有要腓利门让欧尼西慕来帮助自己,但他却绝不犹疑地说出他的心愿,让腓利门知道。

当保罗在上半节表明自己的心意,希望把欧尼西慕留下来之后,在下半节,保罗接着解释他有这心意是为要使欧尼西慕可以替腓利门在自己被囚禁的时候服事自己。这节经文安排得很巧妙,保罗假设腓利门甘心乐意地服事自己,只不过因为某些原因,才未能把这心意付诸实行。我们能否说这是保罗一厢情愿的想法呢? 虽然从信中找不到经文支持说腓利门曾向保罗表达这个念头,但从十九节提到保罗与腓利门的关系,和保罗指出他是为了福音的原故而被囚禁,我们可以肯定地说,保罗对腓利门的期望一点也不过分,而且可算是合情合理。

"服事"在新约中有很广泛的含义,可以指一般性的服事,如照顾别人的起居饮食,但亦可以指教会事工的参与。在腓利门书十三节,欧尼西慕对保罗的服事相信不是指生活方面的照顾,而是指在教会及福音事工上的参与。推进福音事工需要大量人手,尤其是当保罗身处监牢之内,行动和工作的自由度受到限制,与外界信徒和非信徒的接触亦会相应地受到掣肘,如果欧尼西慕能够帮助他,定能减轻保罗的负担,对福音的广传亦必有正面的影响。

14 "但还没有得到你的同意,我就不愿意这样作,好叫你这件善行不像是出于勉强,而是出于甘心" 在十三节,当保罗说他"本来想"把欧尼西慕留在自己身边的时候,其实已经暗示这是一个不能如愿的希望。故此,保罗在本节顺理成章地解释他没有把欧尼西慕留下来的原因。按照保罗的解释,他不把欧尼西慕留在身边,是因他还未得到腓利门的答允。我们可以反过来推论说,假如保罗得到腓利门的同意,他会乐意把欧尼西慕留下来的。保罗接着解释他在未得到腓利门同意之前,不愿意把欧尼西慕留下来,是因为他希望腓利门的善行是出于甘心,而非出于勉强。

在"善行"之前加上"这件"二字,表示在保罗心中有一件特别希望腓利门去作的事。究竟保罗心中的善行是什么呢? 他虽然没有明说,但从上文下理推想,显然是指他希望腓利门能让欧尼西慕自由地去帮助自己。

在本节,保罗一方面让腓利门自由地安排欧尼西慕的出路,但另一方面又好像十分肯定腓利门至终会决定让欧尼西慕回到自己身边来帮助他。故此,他补充说不私自把欧尼西慕留下,而要先得腓利门的同意,他不是怕腓利门不允许,而是希望其他人不会将这件善行看作是保罗勉强腓利门作的;腓利门所作的,必是经过深思熟虑的决定,并且是他甘心乐意作的。

不管保罗这假设是否合理以及腓利门是否必定会让欧尼西慕去帮助他,但藉着这假设,保罗已令腓利门处于一个很难不答允的位置,这表示保罗的请求和说话技巧都十分精炼。近年一些新约学者开始更多研究保罗的写作技巧,并与当时的辩士比较,因而结论说保罗所受的教育并不低,相信他受过辩士说话技巧的训练。[41] 根据他请求腓利门的方法,我们相信这些新约学者的看法是正确的。

(二) 15~20

15　也许这是神的心意,叫他暂时离开你,为了使你可以永远得着他,

16　不再当是奴仆,而是高过奴仆,是亲爱的弟兄。对我固然是这样,对你来说,不论按肉身或在主内的关系,更是这样。

17　所以,你要是把我看作伙伴,就接纳他好像接纳我一样。

18　如果他过往曾亏负了你,或是现在仍然欠你什么,都记在我的账上。

19　"我必偿还",这是我保罗亲手写的,用不着我说,甚至你的生命,你也是欠我的。

---

[41] 如 H. D. Betz, F. F. Church, R. Hodgson, E. A. Judge, A. T. Lincoln, A. J. Malherbe, P. Marshall, R. Scroggs, W. H. Wuellner。

²⁰ 弟兄啊！让我在主里得到从你而来的益处,并使我的心在基督里得到畅快。

经文翻译

15 "也许这是神的心意,叫他暂时离开你,为了使你可以永远得着他" 原文圣经以 gar 来开始第十五节,gar 是连接词,很多时候被译为"因为",用来解释上一段说话,指出该段说话背后的因由。如果这是 gar 在本节的含义,则 gar 应连于十四节的 ēthelēsa。① 保罗在十四节指出他不愿意(ouden ēthelēsa)把欧尼西慕私自留下来,因为他恐怕违反了神要欧尼西慕回到腓利门身边的心意(十五节)。不过,我们认为用十五节来解释十四节是比较牵强的。首先,十五节的重点是从神的计划和心意去注释欧尼西慕的逃走,而不是放在欧尼西慕要回到腓利门处的原由。另一方面,既然保罗明确表示他很希望把欧尼西慕留下来(十三节),而在整卷书中都不时带出这意愿,故此第十五节中所说腓利门可以"永远得着"欧尼西慕的"得着",很可能已经超越了地域的限制;所以,腓利门是否得着欧尼西慕,和后者是否回到他的身边,并没有直接的关系。基于以上的看法,我们把十五节的 gar 看为与分词(particle)相近,作用是给读者一个小停顿。故此,我们跟随一部分中译本,把十五节看为一个新段的开始。②

"离开"(echōristhē)在原文是被动语态(passive voice),保罗采用这语态,相信是刻意表示神在这件事上亲手作工,并有祂的安排和心意,使欧尼西慕的离开,成为一个契机,藉此令欧尼西慕认识保罗,然后认识基督,最后与腓利门建立一个新的、永恒的关系。在翻译的时候,我们加上"这是神的心意",表示在保罗心中,神在整件事上有祂的

---

① 参 Church,"Structure" 28；Harris 266 – 267；Lightfoot 340；Meyer 409；O'Brien 295；Vincent 188；石清州 464。
② 参和合,当代,现中,吕译。

计划。③

　　无论是和合本圣经，新译本圣经，或是其他中文译本，"永远得着他"中"得着"都带有肯定的口吻。新译本更在这句话的前面加上"正是为了使你"，使语气更为确定。不过，按照原文，一方面因为"永远"（aiōnion）的位置是在前面，因此使句子的重心放在"永远"一词外。另一方面，"得着"（apechē(i)s）是以假设式语法（subjunctive）表达，表示在保罗心中，腓利门的永远得着欧尼西慕，并非如一般中译本所给我们印象的确定。为此，我们在"永远得着他"之前加上"可以"，以保存保罗在原文的语调。

　　16　"不再当是奴仆，而是高过奴仆，是亲爱的弟兄"　和合本和新译本圣经同时把十六节的第一句话翻译为"不再是奴仆"，但在原文圣经，"奴仆"前有分词 hōs，这分词多被译为"好像"。更有学者指出，腓利门书十六节 hōs 一词表达二人关系之中，其中一人对这关系主观的评价，而不涉及另一人客观身份的形式。④　故此有些中文译本将这句话翻译为"不再当一个奴隶"（思高）和"不复如仆"（文理）。我们依从思高译本的做法，在"是奴仆"前加上"当"，表示无论欧尼西慕回到腓利门身边之后是否可以获得自由，或是仍要负上奴仆的身份和工作，腓利门都不再以主仆的关系来看待他，他会以弟兄的关系来对待他。

　　"对我固然是这样，对你来说，不论按肉身或在主内的关系，更是这样"　中文翻译，无论怎样都无法传递十六节下半节的神韵。希腊文中"对我固然是这样，对你来说……更是这样"是 malista emoi, posō(i) de mallon soi。首先，按照希腊文文法，形容词互相比较时，粗略可分为三种程度：先是基本的形容词（adjective），然后是比较级形容词（comparative degree adjective），最后是最高级形容词（superlative

---

③ 参当圣："或者可以这样说，他以前出走，是上帝准许他暂时离开你，好让你以后永远得回他"。加上了"是上帝准许他"，显示当代圣经的译者认识到 echōristhē 是 theological passive。此外，亦参 Church，"Structure" 28："Moreover, by turning it all to Providence with his employment of the passive echōristhē, Paul frees Onesimus from the onus of his crime"。

④ Von Soden，引自 O'Brien 297："the hōs ('as') 'expresses the subjective evaluation of the relationship without calling its objective form into question'"。

degree adjective)。这等级有点相似英文形容词中 good，better，best 的比较。一般来说，当有两件事物相比较时，先会用基本形容词，然后用比较级形容词。假如比较的事物有三样或以上，便在上面两个形容词上再用上最高级形容词。在腓利门书十六节，保罗将自己与欧尼西慕的关系跟腓利门与欧尼西慕的关系作比较，按常理他应先用基本的形容词，然后用比较级的形容词，但保罗竟然一开始便用最高级的形容词 malista。因此有些学者把这段经文分别译为 "most of all to me" 和 "more than most of all to thee"。⑤ 虽然希腊文在这方面的文法规则并非十分严谨，不依照上面分法的例子比比皆是，不过，在新约时期，希腊文文法的趋势是多用比较级形容词而少用最高级形容词，并更有以前者取代后者的倾向（例如，林前十三 13）。⑥ 因此保罗先用最高级形容词，然后再加上比较级形容词，是刻意强调欧尼西慕在信主后与保罗自己和腓利门之间所建立的新关系。

"不论按肉身或在主内的关系" 在希腊文圣经是 en sarki kai en kuriō(i)，和合本不折不扣地从原文译过来，成为 "按肉体来说，按主说"，新译本稍加修饰，在 "不论按肉身或在主内" 之后加上 "的关系"，并在后者旁边加上小点，指明原文没有这几个字。在保罗书信中，只有腓利门书十六节将 "肉身"（sarx）和 "主"（kurios）并列。照上文下理来分析，显然前者是描写人与人之间在社会架构上的关系，⑦故此我们跟随新译本的做法，加上 "的关系"，使经文的意思更清晰。

再看其他中文译本，当代圣经翻译为："就是不单得回一个奴隶，而是得到一位亲爱的弟兄，他与我已经情同手足，更何况是你这早已与他有了主仆关系的呢？" 撇开别的翻译问题不谈，似乎当代圣经的译者把 "在主内"（en kuriō(i)）忽略了。现代中文译本在 "你们既有主仆的关系，又是主内的弟兄" 之前加上 "因为"，表示腓利门与欧尼西慕又是主仆，又是主内弟兄的双重身份，使欧尼西慕与腓利门的关系远比他与保罗的关系密切。不过，原文圣经并没有这含义，从句子的结构来看，"肉

---

⑤ Lightfoot 341。

⑥ 参 Zerwick, *Greek* §§ 147–150。

⑦ 参 Schweizer, "sarx" in *TDNT* 7(1971)127。

身"和"在主内"的关系是指两个不同的层面,保罗所要强调的,是无论在社会人际关系的层面,或是信徒之间弟兄姊妹的层面,欧尼西慕与腓利门的关系,都比与保罗的关系深厚。

17　"所以,你要是把我看作伙伴,就接纳他好像接纳我一样""伙伴"原文是 koinōnos,与第六节的"慷慨的行动"(koinōnia)源于同一字根 koinos。koinos 是形容词,就事物而言,意思是"共同拥有的"和"与众人有关的",但就人物来说,是指"友善的人"。⑧ 故此,由 koinos 变化出来的 koinōnos,指有共同兴趣,共同感受和工作的人。⑨ 当保罗在第十七节吩咐腓利门要把他看为 koinōnon 时,明显地是与第一节他称腓利门为"同工"互相呼应。由此可知,"有共同工作的人"是 koinōnon 在本节的主要思想。就各中文翻译来说,和合本与新译本的"同伴",思高译本的"同志",当代圣经和现代中文译本的"好朋友"和"亲密的朋友",以及吕振中译本的"契友",都没有译出这个意思。我们选择用"伙伴",相信最能保留 koinōnos 在本节的意思。

"我"在这节经文中先后出现了两次,在中文译本中两个"我"看来没有什么不同,但在原文圣经,两个希腊文并不相同,前者为 me,后者是 eme。比较两个希腊文,虽然同是 egō 的直接受格单数(accusative singular),但后者带有强调的作用。因此,"接纳他好像接纳我一样"的"我",语调比"你要是把我看作伙伴"的"我"稍重。不过,这分别在翻译后就无法表达出来。

18　"如果他过往曾亏负了你,或是现在仍然欠你什么,都记在我的账上"　在一般中文译本中,本节的第一句和第二句并没有说出事情发生在什么时候,但在原文,"亏负"(ēdikēsen)和"欠"(opheilei)分别是以过去不定时时态和现在时态出现。故此第一句所指的是欧尼西慕在过去所导致,现在已经无法完全弥补的亏欠,而第二句话是指一些现在还可以补救的损失。我们因此把两句话分别译为"过往曾亏负了你"和"现在仍然欠你",以表示时间上的分别。

"亏负"的原文是 adikeō,基本上是"犯错"的意思,另外亦可译为

---

⑧　参 Hauck, "koinos" in *TDNT* 3(1965)789－790。

⑨　参 Lightfoot 341。

"冤枉"、"占便宜"、"作恶"和"伤害"等引申意义。有些译者就把
adikeō 译为"冤"（吕译）和"枉"（文理）。因为我们没有足够资料去确
定欧尼西慕所犯错误的性质，故此我们选择了和合本与思高译本中"亏
欠"这一个带有广泛含义的翻译。

在原文，第十八节共出现过两个代名词，第一个是"你"（se），第二
个是"我"（emoi）。这与一般中文译本略有不同。首先，中文圣经中第
一个出现的代名词"他"在原文中并没有出现，只是蕴含在动词"亏负"
（ēdikesēn）之内。此外，中文圣经中"你"出现两次，一次连于"亏负"，
另一次连于"欠"。在原文，"你"只出现一次，由"亏负"（ēdikēsen）和
"欠"（opheilei）共用。在翻译过程中，因为中文句法的需要，我们将
"你"重复使用。比较这两个代名词，"你"（se）在原文并没有加上抑扬
音符，这是 se 最普遍出现的形式，而"我"（emoi）则加上抑扬音符和字
母 e，表示保罗在说"都记在我的账上"时，语气稍微比上一句"如果他
过往曾亏负了你，或是现在仍然欠你什么"有所加强。

19　"'我必偿还'，这是我保罗亲手写的"　原文中"我必偿还"并
没有被引号分划出来。我们在译文中刻意加上，是因为我们相信保罗
在本节经文仿效当时希腊公文的习惯，从书记手中接过笔来，亲手加上
这几个字，表示自己清楚信中所说的一切内容，并且愿意为所说的话承
担一切的责任。⑩

"写"（egrapsa）在原文是以过去不定时时态（aorist tense）出现，从
上文下理来看，这是一个书信式的过去不定时时态（epistolary aorist），
换句话说，保罗当时是站在收信者的角度去说话，⑪故此，我们认为
"写"这个行动不是一件已经在过去发生的事。

"用不着我说，甚至你的生命，你也是欠我的"　"用不着我说"
（hina mē legō soi）中的"说"（legō），一方面可以说是以直说式语法
（indicative mood）出现，⑫但在另一方面亦可以说是以假说式语法

---

⑩　参 Doty，*Letters* 41。
⑪　有关书信式的过去不定时时态，参经文翻译部分第十二节的讨论。
⑫　参 O'Brien 300 - 301。

(subjunctive mood)出现。⑬ 假如我们接受前者的分析,我们便得承认这句话在文法结构上有些特别以及不合常规,因为习惯上与直说语法连用的否定字是 ou 而不是 mē。⑭ 故此我们认为较合理和容易接受的看法,是把 legō 解释为假设式的语法,因为让 legō 与 mē 连用,符合希腊文句子的一般结构。不过,虽然 legō 的语法是假设式的,但当保罗说"用不着我说"这句话时,他的语调并非犹疑不决,相反地,这是一句十分肯定的说话。文法学者指出,当连接词 hina 加上假设式语法的动词时,句子便会带着肯定的语气。⑮

"欠"(prosopheileis)在原文是由一个介系词 pros 和一个动词 opheilō 组成。文法学者分析 pros 这组合词中有"加上"的意思。⑯ 值得留意的是,动词 opheilō 曾经在十八节出现过,当保罗说如果欧尼西慕仍然欠腓利门什么,他用的"欠"在原文是 opheilō。在两节经文中,保罗先用简单的动词 opheilō,再用组合动词 prosopheilō,相信是要刻意比较欧尼西慕对腓利门的亏欠,和腓利门对保罗的亏欠,而将重点放在后者。⑰

20 "弟兄啊!让我在主里得到从你而来的益处,并使我的心在基督里得到畅快" 新译本和现代中文译本圣经都在"弟兄啊"之前加上"所以",或许是用这两个字来翻译 nai。nai 可以表示对一个问题的肯定或赞同,按照希中对照字典的资料,nai 可译为"是的","真的","确定","必定"和"一定"。在腓利门书二十节,nai 大概是作者用来加重语气的。所以,用"所以"来译 nai 并不恰当,因为读者会误以为十九节和十二节之间有连锁的因果关系,但其实这关系在原文圣经中并没有以文字表达出来。故此,我们仿效其他中文译本,将 nai 略而不译。

"让我得到益处"是翻译自希腊文 onaimēn,以祈愿式语法出现,上

---

⑬ 参 Harris 274;Rienecker,*Linguistic Key* 661。

⑭ 有关直说与 mē 连用的例子,参 Moulton,*Grammar* 170 - 171;Robertson,*Grammar* 1168 - 1169;Zerwick,*Greek* § 440 注 1。

⑮ 参 Moulton,*Grammar* III 94 - 95。

⑯ 参 Moulton,*Grammar* III 324。

⑰ 我们不同意 *BAG* 的分析,认为 opheilō 和 prosopheilō 之间没有分别,纯粹是同义词,参 *BAG* § 717 s. v. "prosopheilō"。

文下理显示 onaimēn 虽然是以祈愿式语法出现，但或多或少都带有一点命令式的语气。⑱ 相对于古典希腊文来说，这语法在新约时期已经很少出现。onaimēn 是从 oninamai 变化出来的，oninamai 在整本新约圣经中，只有在腓利门书二十节中出现过一次，故此并不是新约作者惯用的字眼。为什么保罗会选择这样一个在他其他书信中没有用过的字呢？很可能是因为 oninamai 在读音上与欧尼西慕（Onēsimos）相似，故此当保罗请求腓利门让他得到益处时，弦外之意是暗示他希望腓利门能容许欧尼西慕回到保罗身边去帮助他。⑲ 保罗在字里行间的说话只能让读者透过译文自己领会，无法在翻译上清清楚楚地表达出来。吕振中译本在本节上加上注脚，说明这节与欧尼西慕的名字在读音上微妙的关系。不过，这样做基本上已经超越翻译工作了。

"在主里"（en Kuriō(i)）是指范围，这是说保罗希望从腓利门身上得到的益处，是限定在信徒间的范围内。不过，这并不是 en Kuriō(i) 唯一的解释，en Kuriō(i) 亦可以用来表达原因，故此现代中文译本把 en Kuriō(i) 译为"为着主的原故"也是正确的。最后，很可惜当代圣经没有把 en Kuriō(i) 翻译出来，这遗漏本是可以避免的。⑳

"使我得到畅快"（anapauson）在希腊文是以命令式语法出现，这不是说保罗命令腓利门，要他设法令自己感到畅快。这命令式语法在这段经文中带有请求的语气。换句话说，保罗在上半部请求腓利门让他得到一些好处，在下半部，保罗再请求腓利门，使他的心得到畅快。故此，我们以"并"来开始下半部，表示在这段经文中，上下两部在语调上是相同的。

"在基督里"与上面的"在主里"相信在含义上是完全相同的，保罗不过是转换了字眼，使行文不致于过于死板。在第六世纪有一份称为 D 的抄本，审阅者把原来的"在主里"改为"在基督里"，相信他是受了上半

---

⑱ 参 Moule，*Idiom Book* 136。

⑲ 参 Bruce 221；Caird 223；Church，"Structure" 30；Hendriksen 223；Holden 231 - 232；Knox 571；Lightfoot 342 - 343；Meyer 413；Oesterley 216；Rupprecht 463；和 Vincent 191。不过，亦有不少学者反对这建议，参 *BDF* § 488.1；Lenski 972；Lohse 205；Martin 167；O'Brien 302。

⑳ 参当圣："弟兄啊！我想从你得到一点报偿，望你使我老怀欢畅。"

节"在主里"的影响,才会有错误的更改。

经文分析

15　"也许这是神的心意,叫他暂时离开你,为了使你可以永远得着他"　在第十五节保罗从神的角度讨论欧尼西慕的逃走。按照保罗的领受,从人的角度来看欧尼西慕的逃走无疑是一个错误、抵触法律的行为,对腓利门来说,更带给他财物上的损失。但从这样不理想的事,也可以体察神的心意。欧尼西慕因为逃走才有机会认识保罗,接触并接受福音,成为信徒,因而与腓利门建立了一份属天的关系。短暂的分离,变成永恒的契合,对腓利门来说是一件美事,是神恩手的带领。

本节含有两对意思相反的词语,"暂时"对应"永远","离开"对应"得着"。故此,这节在内容上是"似非而是"(paradoxical)的。藉着短暂的分离,可以带来永远的得着。"似非而是"的真理是基督教的特色之一,耶稣论八福所说贫穷的人拥有神的国(路六20)和保罗说他在什么时候软弱,什么时候就刚强(林后十二10),都是这一类真理。

另一方面,保罗用"也许"来开始整段说话,然后假设说因着欧尼西慕的逃走,腓利门"可以永远得着他",这样的句子结构使这节经文充满了不肯定的语调。特别要留意的是,在这段经文中,保罗并不是在讨论教义的问题,也不是在讲解信徒生活的守则,而是从事件的发生情况去察看神背后的心意。故此,保罗特别小心,用一些不十分肯定的语调,恐怕错误解释了神的计划。今天,因为我们深信神仍然掌管着人类,所以我们需要从历史的进程、事情的发展去思想神在其间的心意。希望保罗谨慎的态度能够成为我们的借鉴,在思索神在现今的作为时,不将自己的见解作为神的计划,不将自己看为神的代言人,让别人多些询问与质疑,一同探讨,以求更明白神的心意。保罗在罗马书分析完以色列人在神救赎计划中的地位之后,也不禁慨叹说:"深哉! 神丰富的智慧和知识。他的判断何其难测! 他的踪迹何其难寻! 谁知道主的心? 谁作过他的谋士呢? 谁是先给了他,使他后来偿还呢?"(罗十一33～34)

16　"不再当是奴仆,而是高过奴仆,是亲爱的弟兄。对我固然是这样,对你来说,不论按肉身或在主内的关系,更是这样"　保罗在第十五节说腓利门可以永远得着欧尼西慕,到了本节他进一步解释腓利门永远得着欧尼西慕的时候,后者会带着一个怎样的身份。我们得留意,保罗并不是说欧尼西慕回到腓利门身边时,已经客观地转换了另一个身份,由奴仆摇身一变,成为了一个享有自由的罗马公民。他只是说,那时他已不再被"当"作奴仆看待,即是说,欧尼西慕到时或许仍是一个没有自由的奴仆,但在腓利门眼中,最重要的是他已成为主内的弟兄了。故此,我们相信保罗在腓利门书里并没有提倡废除奴隶制度,甚至没有批评或反对这制度。保罗所做的,已经超越了这制度。因着经济和教育的分别,使人有层级之分,但藉着基督,信徒间的关系超越了这界限,不论穷富,都能成为弟兄姊妹。正如加拉太书记载,"你们受洗归入基督的,都是披戴基督了。并不分犹太人、希腊人,自主的、为奴的,或男或女,因为你们在基督耶稣里都成为一了"(加三 27~28)。此外,以弗所书也教训说,基督的血"拆毁了中间隔断的墙"(弗二 14),今天,不管这墙是民族性的、经济性的或是社会性的,都因着基督的血——拆毁了。

还有一点是不容忽视的,保罗称呼欧尼西慕为"弟兄",但他亦在第二十节这样称呼腓利门,表示在保罗眼中,腓利门和欧尼西慕之间虽然一个是主人,一个是奴仆,但实质上他们无分彼此,同是保罗的弟兄。既然他们同是保罗的弟兄,他们之间也应彼此成为弟兄了。㉑

"不再当是奴仆,而是高过奴仆,是亲爱的弟兄",这句话严格来说是描述保罗与欧尼西慕的关系,伸延这关系,便将腓利门也包括在内。保罗在后面再加上一句话,说,"对我固然是这样,对你来说,不论按肉身或在主内的关系,更是这样"。保罗把自己与腓利门作对比,显示腓利门与欧尼西慕的关系,远比保罗与后者的关系密切。故此,既然欧尼西慕是保罗的弟兄,他就更是腓利门亲爱的弟兄。

17 "所以,你要是把我看作伙伴,就接纳他好像接纳我一样" 腓利门书到了第十七节,已经过了大半的篇幅,保罗才首次说出要紧的话,要腓利门接纳欧尼西慕。"接纳"是一个含义广泛的动词,没有清楚

㉑ 参 Getty,"Theology" 505。虽然 Getty 总结说,因着保罗的原故,腓利门和欧尼西慕建立了弟兄的关系。

表示接纳的程度,可以是无条件地接纳欧尼西慕重新回到家中,再负起过往的职务,但也可以是有条件的,要欧尼西慕先补偿他造成的损失,才让他回到旧日的岗位工作。当然,接纳亦可以是彻底地既往不究,更让他自由离去,回到保罗身边,在传福音的工作上帮助保罗。在信中,保罗没有清楚界定接纳的程度,相信是不愿给腓利门压力,让他凭着自己在神面前的领受,决定怎样处理曾经逃走的仆人欧尼西慕。

　　这段经文的脉络相当微妙,保罗一方面要求腓利门把他看为伙伴,另一方面又请求腓利门接纳欧尼西慕如同接纳自己一样,言外之意,就是要腓利门把欧尼西慕看作是自己的伙伴。这便回应了前面第十三节保罗所说,假若欧尼西慕留在他身边,可以代替腓利门去帮补保罗的需要。

　　18～19 "如果他过往曾亏负了你,或是现在仍然欠你什么,都记在我的账上。'我必偿还',这是我保罗亲手写的,用不着我说,甚至你的生命,你也是欠我的" 在新约时期,奴隶制度是一个社会接受的制度,因此,法律亦有顾及主人与奴隶本身的利益。[22] 按照当时的法则,私自收留逃走的奴仆,罪行等于侵犯别人的财物,一经发现,要赔偿有关的主人。根据当时一份寻找失踪奴隶的文告,如果一个人向某主人提供资料,告诉他谁人收留了他的奴隶,这人得到的报酬,远比那些通知主人奴隶在哪间神庙寻求庇护,甚至比那些将奴隶带回主人身边的人所得到的报酬还要多。[23]

　　假如我们把腓利门书第十八和十九节的内容套入上面讨论的社会背景中,便会更明白这两节经文的含义。首先,欧尼西慕的逃走本身显然已造成腓利门在财物上有损失,如果他在逃走时还盗取了主人的财物,腓利门的损失就更大。就是在保罗写腓利门书的时候,腓利门也因为找人接替欧尼西慕的工作而要付出额外的金钱,所以保罗一开始便承认欧尼西慕过往曾亏负了腓利门,就是现在仍然对腓利门有所亏欠。另一方面,因为资料不足,我们不知道根据法律的观点,保罗是私自收留欧尼西慕,还是他暂时保护欧尼西慕,然后成功地游说他自动回到腓

㉒ 参 Bartchy, *Slavery* 37 - 120; Goodenough, "Paul and Onesimus" 181 - 183。

㉓ 有关该文告的英译,参 Moule 34 - 37。

利门身边，并且透过腓利门书，帮助两人和好；故此当保罗毅然作下承诺，愿意分担腓利门因欧尼西慕的逃走而造成的损失时，我们不能肯定保罗是主动承担因私自收留欧尼西慕而带来法律上的责任，还是甘愿代替欧尼西慕偿还因逃走而导致腓利门的损失。不过，单从保罗在信中的说话来看，后者的可能性较大。假若我们翻开使徒行传廿四章廿六节，经文告诉我们，当保罗在该撒利亚坐监的时候，巡抚腓力斯指望保罗用钱来贿赂他；此外使徒行传廿八章三十节记载后来保罗在罗马时，他"在自己所租的房子里住了足足两年"。在腓利门书十九节，保罗又自愿代替欧尼西慕承担腓利门在财物上的损失。以上三段经文显示保罗在物质方面并不是一个一无所有的人。如果他为了福音的原故而在缺乏中生活，这只不过是他甘心为了基督而放弃他本来可以享受的物质生活。㉔

　　还有一点十分值得我们留意的，就是保罗在第十九节中，特别声明"这"是他亲手所写的。但究竟"这"是指什么？"这"可能是指整封信，换句话说，腓利门书由开始到结束都是由保罗亲笔书写成的。㉕"这"亦有可能是指"我必偿还"这句话，而大部分学者都采纳后一个看法。按照保罗一贯习惯，整卷书信都会由一位信徒代笔（参罗十六 22），而自己只在结尾处加上一两句话（参林前十六 21；加六 11；帖后二 17），所以很可能保罗只是亲笔写上"我必偿还"这几个字，而其他地方就由别人代笔。另一方面，亲笔写上这几个字，亦表示他亲自承诺他在第十八至十九节所说的，愿意承担腓利门的损失这句话所带来的责任。㉖

　　保罗最后还加上一句话，指出腓利门也有亏欠他的地方。首先，"用不着我说"是一句很委婉的句子，透过这句子，保罗表面上不把腓利门的生命也是欠他的这件事说出来，但实质上却毫无保留地说了出来，

㉔　参 Barclay 323。

㉕　参 Lightfoot 342；Fitzmyer 333；Longenecker，"Ancient Amanuenses" 291；Oesterley 215 – 216；Robertson，*Word Pictures* 464。

㉖　参 Doty，*Letters* 41。

在修辞学上称为假省笔法(paraleipsis)。[27]

保罗说腓利门的生命也是欠他的,意思不是说他解救腓利门脱离生命的威胁。这是句寓意式的说话,指腓利门因着保罗的工作而认识基督,成为信徒,得着新生命。使徒行传记载保罗在以弗所住了三年(徒二十31),很可能腓利门就是在那段日子认识保罗,接受福音。

保罗这段说话的目的,是要让腓利门知道,虽然欧尼西慕亏欠了他很多,令他蒙受不少损失,按照法律,可说是罪无可恕,但另一方面,腓利门本身也有亏欠人的地方,他也有令人损失的时候,就以他与保罗之间的关系而论,他藉着保罗,才能认识福音,获得永恒的生命。故此,可以说他的生命也是保罗救出来的。假若腓利门能够从这个角度去思想,肯定会比较容易平息因欧尼西慕造成的损失而带来的怒气。最后,也因此更能宽恕欧尼西慕。

20　"弟兄啊! 让我在主里得到从你而来的益处,并使我的心在基督里得到畅快"　在上面的讨论当中,我们指出保罗迟至第十七节,才将写这封信的目的透露出来,即使在那节,他也只是笼统地请求腓利门接纳欧尼西慕,但究竟接纳到什么程度呢? 保罗也没有清楚说明。假若我们从整卷书信的内容来看,字里行间显示保罗除了希望腓利门能够宽恕欧尼西慕之外,更希望他能让欧尼西慕重获自由,使他可以回到保罗身边去帮助他。在第十三节,保罗表示他原本的心愿是留欧尼西慕在身边,只因未能得到腓利门的同意,才没有这样做。到了第二十节,保罗刻意选用"得到益处"这个在书信中从没用过的字,原来因为这个字的读音与"欧尼西慕"十分接近。保罗利用这个字,暗示至终的愿望,是想得到欧尼西慕的帮助,减轻他在福音工作上的压力。故此,我们认同一位新约学者的观察,相信在整卷腓利门书中,"解放"这个词常在保罗口边,只是他没有说出来而已。[28]

保罗接着请求腓利门使他的心得到畅快,在第十三节,保罗曾经说

---

[27] 参 *BDF* § 495. 1；Church,"Structure" 29；Moulton,*Grammar* IV 83 和 Robertson,*Grammar* 1199。

[28] 参 Lightfoot 321："The word 'emancipation' seems to be trembling on his lips, and yet he does not once utter it"。

欧尼西慕是他的心,因此,保罗在第二十节的请求,实在就是希望腓利门能够令欧尼西慕得到畅快。究竟怎样才能使一个逃走了的奴隶得到畅快呢?显然除了原谅他以往的错误之外,便是释放他,使他重获自由。最后,第二十节和第七节下半部在含义和用字上极为相似。两段经文都同时提及腓利门令别人的心得到畅快。而在两段经文之中,"弟兄啊","心"和"畅快"都出现过。因为这两节经文分别结束了整卷书信的两个主要部分(四至七节和八至二十节),故此,含义和用字上的相同,给读者一个强烈的感觉,相信这两节是互相呼应的。

肆　结语
（21～25）

21 我深信你会顺服，也知道你所作的必超过我所说的，因此才写信给你。

22 同时，还请你为我预备住的地方，因为我盼望藉着你们的祷告，可以蒙神释放到你们那里去。

23 在基督耶稣里和我一同坐监的以巴弗，

24 以及我的同工马可，亚里达古，底马，路加，都问候你。

25 主耶稣基督的恩惠与你们的灵同在。

经文翻译

21 "我深信你会顺服，也知道你所作的必超过我所说的，因此才写信给你"　在原文圣经，"深信"（pepoithōs）和"知道"（eidōs）都是分词，按上下文理，这两个分词是原因分词（causal participle），换句话说，保罗写信给腓利门的动机有二。首先，他深信腓利门会顺服；另外，他也知道腓利门所作的，必定会超过他在信中所请求的。思高圣经、当代圣经和现代中文译本都把保罗深信腓利门的顺服和保罗写信给腓利门作为一个单元来处理，这样作虽然可以清楚表明这两句话之间的因果关系，但却使另一句话"知道你所作的必超过我所说的"悬空，失去了句子之间在原文中所有的关系。和合本和吕振中译本把这节经文当作一个整体来处理，前者以"我写信给你"开始整节经文，后者却依照原文的先后次序，把这句话放在"我深信你必听从"和"知道你所要行的，必过于我所说的"两句话中间。和合本和吕振中译本虽然没有抹煞这三句话原来的因果关系，但这关系也表达得有点晦暗。新译本与其他译本不同，将"我深信你会听从"和"知道你所作的必超过我所说的"放在本节的开首，还在第二句话之前加上"也"字，表示这两句话的作用在某程度上是等同的。此外，译者把"写信给你"放在最后，并加上"因此才"

这个带有因果关系的连接词，表示前两句话是因，后一句话是果。我们相信新译本最能表示前两句话的含义，故此我们采纳这翻译。

最后，"写信"（egrapsa）在原文是以过去不定时时态（aorist tense）出现，毫无疑问，这是书信式的过去不定时时态（epistolary aorist），这即是说，保罗写这句话的时候，是站在读者的角度去选择适当的时态。书信式的过去不定时时态在腓利门书已出现了数次，在此不再多谈。

22　"同时，还请你为我预备住的地方，因为我盼望藉着你们的祷告，可以蒙神释放到你们那里去"　"预备"（hetoimaze）在希腊文圣经是以命令式语法（imperative mood）出现，故此，和合本和文理和合本圣经的翻译都带有命令式的语气，分别是"你还要给我预备"和"尔亦当为我备"。不过，命令别人为自己预备住处听起来不免令人觉得有点不合人情，故此，这个属于命令式语法的字相信是带恳求口吻的命令式语法（imperative of entreaty）。基于以上解释，我们在"预备"之前加上"请你"，表示保罗不是命令腓利门接待他，而是恳请他接待他。①

"释放"原文是 charizomai，这字基本上带有"给与"的意思，但在翻译方面，一般来说是受上下文脉络的影响。charizomai 在保罗书信中共出现十六次，和合本分别把这字翻译为"赐与"（罗八 32；加三 18；腓二 9），"开恩赐给"（林前二 12），"赦免"（林前二 7、10（3 次）；西二 13），"饶恕"（林后十二 13；弗四 32（2 次）；西三 13（2 次））和"蒙恩"（腓一 20；门 22）。和合本的翻译"蒙恩"比较笼统，既然保罗在写腓利门书的时候正在牢中，而保罗又明言"蒙恩"的结果使他可以到腓利门那里去，所以"蒙恩"实质上是包括从监牢中释放出来的意思。此外，在使徒行传三章十四节，charizomai 正是"释放"的意思，故此我们与新译本一样把它翻译为"释放"。

上面的分析可能给读者一个印象，以为新译本的翻译比和合本好，比和合本更符合原文的含义。从某个角度来看，我们可以这样说，但假若我转换另一个角度，情况又刚巧相反，在腓利门书廿二节，"释放"（charisthesomai）在希腊文是以被动语态出现，明显地是要指明神是事

① 参新译本、思高圣经、当代圣经、现代中文译本和吕振中译本的翻译，译者都不约而同地加上"请"字。

件背后的策动者(theological passive)。所以新译本的译文"可以获得
释放到你那里去"就完全显不出是神把保罗从监中释放出来；反观和合
本的"必蒙恩到你们那里去"，虽然没有清楚地包含了"释放"的观念，但
这却表达了这恩是源于神，由神所赐的。为了把原文的含义带出来，我
们特意在"释放"之前加上"蒙神"二字，表示在保罗的思想中，表面上释
放他的是政府的官员，但背后却是神恩手的带领。[2]

23～24　"在基督耶稣里和我一同坐监的以巴弗，以及我的同工马
可，亚里达古，底马，路加，都问候你"　两节经文一共提及五个名字，先
后分别为以巴弗，马可，亚里达古，底马和路加。将这名单与歌罗西书
四章十至十四节的名单比较，会发现保罗在歌罗西书结尾部分也是向
这几位教会中的弟兄问安，另外他还向一位别号为犹士都的耶数问安。
在希腊文中"耶数"与"耶稣"原是同一个字，今天很少信徒会改名为耶
稣，但在第一世纪，耶稣是一个普通的名字，一直到第二世纪才渐渐
少见。[3]

再回到腓利门书廿三和廿四节，保罗说他和以巴弗的关系是两人
同是在基督耶稣里一同坐牢。有些学者认为，保罗在腓利门书只用"在
基督里"(en Christo(i))(八和二十节)和"在主里"(en kurio(i))(十六
和二十节)，故此很难接受单单在结尾时才用上"在基督耶稣里"(en
Christo(i) Iēsou)。学者因此认为我们不应把"基督耶稣"看为一个名
称，应该把"基督"和"耶稣"分开，后者归入问安对象之列。[4] 按照这个
看法，经文应该译作"在基督里与我一同坐监的以巴弗，以及我的同工
耶数(＝耶稣)，马可，亚里达古，底马，路加，都问候你"。这解释的好处
是保持保罗在整卷书中的用语一致，不会在一处说"在基督里"，另一处
又说"在基督耶稣里"。我们也相信歌罗西书和腓利门书是同期的作
品，而收信者又同是在歌罗西地区居住的信徒，故此在书信结束前，同
一班人向收信的人问安也是合情合理的，除非耶数与腓利门并不认

[2] 思高圣经、当代圣经、现代中文译本和吕振中译本的翻译，都觉察到这被动语态暗示神是
背后的动力。
[3] 参鲍会园,《歌罗西书》181。
[4] 参 Foerster, "Iēsous" in *TDNT* 3(1965) 286 注 18；Lohse 207 注 16。

识，⑤否则，我们亦难明白为什么耶数只在歌罗西书出现，而不在腓利门书出现。⑥ 不过，这解释虽然具有相当的吸引力，而且按照原文字句的先后次序，也不是没有可能的，但要将"耶稣"与"基督"分开，与马可、亚里达古等保罗的同工，一同向腓利门问安的话，"耶数"应以主格（nominative case）Iēsous 出现，而不是现在所用的间接受格（dative case）Iēsou。因此，我们还是跟从大部分学者的解释，把"基督耶稣"放在一起，作为一个名字来处理。

　　25 "主耶稣基督的恩惠与你们的灵同在" 短短一句结尾的话，想不到在各译本中会出现这样大的分歧。首先，我们的译本没有像其他译本一样，在句首加上"愿"，因为在原文，本节和第三节一样是没有动词的，我们亦没有理由要给这句话加上祈愿式语法的动词，因此我们采用一个直说式语法，表示恩惠的同在不单是一个愿望，更是一项宣告。⑦

　　和合本和当代圣经都在"主耶稣基督"之前加上"我们"，特别声明耶稣基督是保罗和其他信徒的主。⑧ 这两个译本加上"我们"，大概是因为在一些重要的抄本，如第五世纪的 A 和 C 抄本，第八至九世纪的抄本 Ψ，第四世纪的安波罗修注释等，都有"我们"（hēmōn）。有些学者认为，其他重要的抄本，如 ℵ（四世纪），P（九世纪），33（九世纪），和 81（十一世纪）等都没有加上"我们"（hēmōn）这类字眼，所以这两个字应该是抄写圣经的人自己加上作为解释的。⑨

　　另一个类似的问题是当代圣经在句尾加上"诚心所愿"，又以"你的心"代替"你们的心"。思高译本保留"你们"不改为"你"，但结尾时又加上"阿们"。在原文圣经，虽然有不少抄本加上 amēn（＝"诚心所愿"＝

---

⑤ 参 Caird 223。

⑥ 参 Bruce 224；Meyer 415。以上两位学者都认为保罗写腓利门书的时候，耶数已经离开了保罗。不过，因为我们相信歌罗西书与腓利门书是同时期的书信，故此我们相信这个假设的可能性不高。

⑦ 参第三节，经文翻译部分的讨论。

⑧ 新约圣书不加上"我们"而加上"吾"，但在意义上却是相同的。

⑨ 参 Metzger 658；O'Brien 304。

"阿们"),⑩但是如果 amēn 真的在信尾出现,相信断没有抄者会把它删去的,一般抄者都喜欢保留、甚至刻意加上如 amēn 等崇拜用语,略去这些字眼的做法实有违抄写圣经的人惯常的做法。另外,不少抄本都没有加上 amēn,⑪所以我们认为 amēn 是后来抄写圣经的人自行加上的。另外,以"你"代替"你们"是将保罗的祝福限于对腓利门一人,而不包括如亚腓亚和亚基布等人。这用法并没有抄本支持,没有一份希腊文抄本写上 sou 而不用 humon。其他抄本中也只有一份十三世纪拉丁文译本的抄本以单数"你"来代替复数的"你们",故此,我们不会接受当代圣经单数"你"的翻译。

本节经文虽然没有动词,但却有介系词(preposition)meta,意思是"同在"或"与一起",所以中文译本就译为"在"(和合,当圣,文理)和"同在"(新译,思高,吕译)。有两个中文译本与其他译本略有不同,现代中文译本把整节翻译为"愿主耶稣基督赐恩典给你们大众",而新约圣书的译文则为"愿吾主耶稣基督恩,坚尔心志"。恩典由主耶稣所赐,而这恩典可以坚固信徒的心志,这样说本身是没有不对的,但既然保罗选用了 meta,我们也只好依从他的心意,简单地说主耶稣的恩惠与腓利门等人同在。

最后,保罗在此特别声明,耶稣的恩惠是与腓利门等人的灵(pneumatos)同在。不过,一些中文译本就改为"心"(和合,当圣)或"你们"(新译,现中)。就腓利门书来说,以"心"代替"灵"便有误导之嫌。保罗在信中三次用"心"(splagchnon)字(七节、十二节和二十节),故此在廿五节用"心"来译 pneumatos 就不大合适。以"你们"代替"灵"是按文意而不照原文用字的释context;在翻译过程中,为求译文通顺流畅,这样做是免不了的,但以本节的情况,以"灵"来翻译 pneumatos 亦未致影响译文的流畅。思高译本译为"心灵"也是明智的做法,不过,我们还是与吕振中译本一样,保留"灵"的翻译。

---

⑩ 抄本中,加上 amēn 的有 ℵ(4th C);C (5th C);Ψ (8－9th C)。
⑪ 抄本中,没有 amēn 的有 A(5th C);D (6th C);048(5th C);6(13th C);33(9th C);81 (11th C)和 1181(14th C)。

经文分析

在一般希腊文书信的结语部分，发信人都会先问候收信人的健康，然后才道别。新约时期，问候前还加上一句问好的说话。[12] 新约书信的作者，包括保罗在内，都没有依照当时流行的书信格式。保罗在腓利门书的结语部分，先对自己写的这封信作一交待，然后问安，最后以祝福来结束整卷腓利门书。

21 "我深信你会顺服，也知道你所作的必超过我所说的，因此才写信给你" 在结束语的开始，保罗告诉腓利门他要写这封信，提出不情之请的两个原因。首先，他深信腓利门是一个顺服的人，其次，保罗知道腓利门所作的，必会超过他所求所望。

先看保罗的第一个原因。保罗写信给腓利门，因为相信他会顺服，这话听来有点奇怪，因为保罗明明在第九节解释自己的立场，说明自己不以长者身份吩咐腓利门，却宁愿凭爱心去请求他，为何到了结尾的时候，又提出顺服的问题，好像说腓利门会顺服保罗使徒的权柄呢？[13] 问题的症结在"顺服"的对象上。我们同意一些学者的见解，相信在整卷腓利门书中，保罗是要带领腓利门更深认识并以爱心完成神的心意，故此当保罗在本节指出他深信腓利门会顺服的时候，他并非是指腓利门会听从他的命令，而是指腓利门会顺服神的心意，遵照神的带领而行。[14]

保罗第二个写信原因是他知道腓利门所作的必超过他所说的。我们从第十七节知道保罗请求腓利门接待欧尼西慕如同接待他一样。所以当保罗在本节说腓利门所作的会超过他的请求时，这"超出所求"的事相信是指保罗在第十三节与腓利门分享的心愿，并且在二十节重复暗示，说他希望腓利门能够格外施恩，让欧尼西慕重获自由，回到保罗

---

[12] 参 Doty，*Letters* 39 - 40。

[13] 参 Lohse 206。

[14] 参 O'Brien 304 - 305。

身边,在福音的事工上帮助他。⑮

22 "同时,还请你为我预备住的地方,因为我盼望藉着你们的祷告,可以蒙神释放到你们那里去" 保罗请求腓利门为他预备地方,因为他期望会蒙保守、得释放,去探望腓利门。保罗在其他书信亦常常说盼望能探望收信的人。学者称这类经文为"旅行计划"或"使徒的光临",⑯通常在书信结尾部分出现(罗十五 22~33;林后十二 14~十三 10),但有时也会在信的中间出现(林前四 14~21;腓二 19~24;帖前二 17~三 13)。在腓利门书中,保罗将自己的旅行计划与腓利门分享,并请他为自己预备地方,相信是他对腓利门的一点催逼,使他切实为欧尼西慕的前途作安排,不要再迟疑不决。另一方面,假若腓利门明白保罗字里行间的含义,知道保罗至终的期望是要得到欧尼西慕的帮助,那么保罗的到访,意味着当他结束访问,回到自己的宣教工场时,他期望与欧尼西慕一同离开。由此看来,虽然是一节短短的经文,放在信尾的位置,但对整封信的内容来说,却有重要的功效。

还有一点值得注意的,在一般人心目中,一个人因为某些事下了监,似乎前途便完全掌握在政府手中,如果政府从轻发落,可望重获自由,假若政府要严办,他便前途不保,而政府的态度亦不免受大小政治气候的影响,整件事也因此受着一连串的因果关系影响,神的保守好像十分遥远。本节经文却给我们一个截然不同的图画,保罗虽然为了福音的原故下监,但他仍深深信靠神。表面看来,释放与否是政府的决定,但保罗却相信最终的主权是操在神手中的,信徒可以向神乞恩,藉着祷告,求神额外施恩。今天,当神的主权在信徒生活的位置上渐渐被忽略之际,腓利门书廿二节是十分适切的提醒。

23~24 "在基督耶稣里和我一同坐监的以巴弗,以及我的同工马可,亚里达古,底马,路加,都问候你" 与保罗在一起并且委托保罗代他们向腓利门问安的共有五人,这五个人在歌罗西书四章十至十四节的问安语中亦有出现。第一位提及的是与保罗一同被囚在监牢的以巴

---

⑮ 参 Church,"Structure" 30‑31。Church 对二十节的解释与我们不同,他认为这节"has nothing to do with the return of Onesimus to Paul, or his manumission"。

⑯ 参冯荫坤,《腓立比书》298。

弗。根据歌罗西书的资料，以巴弗是当地教会的会友，保罗称他为基督忠心的执事，他很可能是负责牧养歌罗西、老底嘉和希拉波立等教会的牧者（西四 12～13）。⑰ 保罗特别尊称他为"基督耶稣的仆人"（西四 12），表示以巴弗很得保罗器重，因为在保罗书信中，只有他自己（罗一 1）和提摩太（腓一 1）才得这称呼。

保罗在歌罗西书四章十节介绍马可是巴拿巴的表弟，这说明当时歌罗西教会还不大认识马可。按照使徒行传的记载，马可又被称为约翰，曾经参与保罗第一次的宣教旅程，但却在中途离开，以致保罗和巴拿巴在计划第二次宣教旅程的时候意见分歧（徒十三 5、13，十五 36～41）。保罗在腓利门书里称马可为同工，而后来在保罗传道的事上马可给保罗很大的帮助（提后四 11），所以，马可虽然曾经使保罗失望，但他还是再投入工场，并获得保罗的信任。故此，只要能够依靠主，在神的工作上便没有永远失败的人。

另一位向腓利门问安的是亚里达古，我们也可以在使徒行传中找到有关他的资料。亚里达古是帖撒罗尼迦人（徒二十 4），曾经参与保罗的宣教工作，在以弗所的扰乱中与该犹一同被群众推进戏园（徒十九 29），经历了不少危难，后来陪伴保罗往耶路撒冷，再一同坐船去罗马。

我们知道有关底马的事不多，在歌罗西书四章十四节中，保罗并没有介绍底马。⑱ 在腓利门书，保罗简单称呼底马为同工。到了提摩太后书四章十节，他却成为贪爱现今世界，离开保罗往帖撒罗尼迦去的人。如果马可带给我们的教训是在神的工作上没有永远失败者的话，底马的情况却告诉我们在神的工作上也没有永远的成功者。

最后一个名字是路加医生，也是保罗的同工。传统认为路加不但参与保罗的宣教工作，并且是路加福音和使徒行传的作者。这传统虽然受到不少学者的质疑，但近年我们亦见到不少不同背景的学者支持这看法。另一方面，也有学者推测路加是保罗的随行医生，照顾他的健康。这一点因为欠缺足够资料，我们只好取存疑的态度。整卷新约中，路加的名字只出现过三次，恰巧每次都与底马一同出现，但保罗对他的

---

⑰ 参鲍会园，《歌罗西书》182。

⑱ 参鲍会园，《歌罗西书》186。

态度却有不同,在歌罗西书四章十四节,保罗特别称他为"亲爱的医生",在提摩太后书四章十一节又记载当保罗需要人作伴、帮助他的时候,其他人都离开他,只有路加与他在一起。

25　"主耶稣基督的恩惠与你们的灵同在"　正如在其他书信一样,保罗以祝福来结束整卷腓利门书,这里的祝福比第三节的祝福较简略。保罗没有提及平安,也没有特别指明恩惠除了源于主耶稣基督之外,父神也是恩惠的源头。不过,这并不表示保罗认为这些不重要,他只是没有在结尾处特别提及而已。最后,值得我们注意的是,这恩惠是与腓利门等人的灵同在,在加拉太书六章十八节和腓立比书四章廿三节,保罗也祝福主耶稣基督的恩惠与收信者的灵同在,不过,我们相信"你们的灵"与"你们"是同一个意思。⑲　我们或许可以说神藉着人的灵与人相遇,灵是"人的内在生命中有上帝之意识的一面……保罗特别提到读者的灵,可能就是因为人感受上帝恩典的运行,是在他的灵里头",⑳但这样仔细的区分并非是必需的。

---

⑲　参 Whiteley, *Paul* 42。基于哥林多后书二章十一节,Whiteley 指出,"'spirit' can be applied to a human being as such, and not to Christian only"。

⑳　参冯荫坤,《腓立比书》507。

附录

（一）家庭教会

　　直到第三世纪中叶，教会才开始拥有自己崇拜的地方，所以初期教会多数在个别信徒家中聚集。罗马书十六章五节和哥林多前书十六章十九节，记载百基拉和亚居拉的家都是信徒聚集的地方。歌罗西书四章十五节亦记载老底嘉的信徒在一位名叫宁法的姊妹家中聚会。① 另外，从腓利门书二节可以知道，腓利门的家是歌罗西信徒敬拜的地方。

　　"家"作为聚集地方的观念在四福音当中是相当明显的，其中以马可福音最突出。② 耶稣的工作很多时候都是环绕着一个人的家来发展的（可二 1，三 20，七 17、24，九 28、33，十 10），例如，西门和安得烈（可一 29），利未（可二 15），会堂主管（可五 28），和患麻风病的西门（可十四 3）的家。

　　在使徒行传里，"家"亦是信徒聚会、相交和传福音的地方。耶稣升天之后，门徒在居住的地方恒切祷告（徒一 12～14）；到五旬节的时候，信徒也是在家中被圣灵充满（徒二 13）。在教会工作开展的初期，信徒在圣殿聚集，在家中擘饼和用饭（徒二 46），门徒亦在家中施教和传讲耶稣是基督（徒五 42）。后来，福音工作向耶路撒冷以外伸展，保罗也成为热心的宣教士，他亦多以家庭作根据点，正如保罗在劝勉以弗所长老时说，他从没有留下一件有益的事，不在众人面前或"家"里告诉他们和教导他们（徒二十 20）。

　　我们根据考古的发现，知道当时一般家庭的住屋可容纳十至四十人同时聚集，如果一个地方的信徒人数增长到不能同时容纳在一所房子中敬拜时，一间教会便会分为几间较小的家庭教会，在不同的家中聚会。虽然分成几个家庭教会，但整体来说，各家庭教会集合起来还是一间教会，保罗给罗马信徒的信虽然只有一封，但我们知道，在罗马至少

---

① 参鲍会园，《歌罗西书》184 注 28。
② 参 Aquirre, "House Churches" 153；Collins, "House Churches" 43 - 44。

有三个不同的家庭教会（罗十六 3～4、14、15）。③

　　在帖撒罗尼迦前书五章廿七节，保罗吩咐信徒要把他的信读给众弟兄听，就是想避免他的信被其中一个家庭教会独自占有，不作广泛传阅。④

　　虽然教会因环境的限制，需要分成小组，在不同的家庭中聚会，但当外在环境许可时，各家庭教会便会聚在一起，一同敬拜神。保罗在哥林多前书十四章廿三节论及方言的时候，特别指明有时"全"教会聚在一起敬拜神（亦参林前十一 20）。另外，在罗马书十六章廿三节所记载的该犹，他的家相信比一般家庭更大，可以容得下哥林多的各家庭教会，故此保罗特别形容他是一个"接待全教会"的弟兄。可惜因为资料有限，我们对早期家庭教会之间的关系，目前仍不能有透切的了解。⑤

　　研究早期教会历史的学者指出，家庭教会有几方面深深影响着教会的发展。⑥ 第一，早期信徒除了在犹太人的圣殿和会堂敬拜神，也在家庭教会中相交、追求、擘饼和用饭（徒二 46，五 42）。故此，家庭教会是肥沃的土壤，培育带有基督教独特色彩的敬拜、礼仪和相交生活。第二，因为教会以家庭为中心，故此在保罗及其他新约作者的书信中，不时涉及家庭生活的守则，因为如何去作丈夫、妻子、父亲、子女、主人和奴仆，都与信徒生活的见证有直接的关系。第三，将教会分化成为不同的家庭教会，固然可以加强信徒的内聚力，但家庭教会之间亦难免会产生意见和信念上的分歧，间接形成教会整体的分歧甚至分裂。就以哥林多教会而论，哥林多前书提及教会中分有不同的派别，并私自以保罗、亚波罗、矶法和基督作精神领袖，很可能这些派别本来是源自不同的家庭教会。第四，虽然参加家庭教会的人大多是低下阶层的穷苦人，但从家庭教会的存在来推论，教会中应不乏有事业基础的信徒，可以开

③ 参 Malherbe, *Social Aspects* 70。

④ 参 Filson, "Early House Churches" 110。有关其他解释，参冯荫坤，《帖撒罗尼迦前书》483 - 484。

⑤ 参 Malherbe, *Social Aspects* 70。此外，亦有学者相信，罗马的家庭教会有五六所之多，参 Minear, *The Obedience of Faith* 7。

⑥ 参 Filson, "Social House Church" 109 - 112。此外亦参 Meeks, *The First Urban Christians* 76 - 77。

放他们的家来举行聚会。再进一步来说，保罗在一个城市开展宣教工作之初，可能主要的策略是去带领一些家庭信主，这些家庭信主之后可以为他提供工作据点，从而发展他的福音工作。故在亚该亚首先信主的是司提反一家，相信也不是出于偶然的（林前十六 15）。第五，家庭教会对教会组织的发展也有一定的影响。能够开放自己的家作教会聚会地方的信徒，相信已有相当的事业经济基础和人生经验，在为人处事的原则上，相信亦有一定的认识。此外，他们多是敬畏神的外邦人，放下原来的信仰转投犹太教，最后才归向基督。这样的人多数是有独立思想和坚决意志的人，在没有使徒带领的家庭教会中，这一类信徒顺理成章成为教会的领袖，影响教会内一般信徒的信仰和生活。

除了以上提出的几种情况，亦有学者认为全家归主的现象（徒十六 15、13，十八 8；罗十六 10、11；林前一 16）多与早期教会以家庭为聚会和相交的地方有直接关系。[⑦] 值得一提的是，在新约时期，家庭成员并非如今天一般只限于血缘的关系上，当时的家庭通常包括奴仆、雇工，甚至佃户和工作上的合伙人。故此，"家"在当时的含义与今天是很不同的。全家归主这观念，从一方面来说，可以帮助我们反省今天我们传福音和领人归主以个人为中心的方法是否足够，但另一方面，整个家庭归向基督亦会产生压力，使个别家庭成员信主的动机和心志不尽相同，对神的话的认识和领受有异，对使命的承担和委身亦有分别。故此，教会内信徒的属灵素质会有很大差距。[⑧]

以上几点，虽然有不少值得商榷的地方，但第三和最后一点，特别是前者，对我们来说是一个很可以接纳的推论。今天，家庭教会往往给信徒一个十分浪漫的印象，以为家庭教会可以解决教会对外对内的问题，因为家庭教会是新约时期的教会模式，故此只有家庭教会才是真正的教会。不错，家庭教会可以维系信徒的相交生活，使信徒间有深入的交通、支持和鼓励，[⑨]但我们不应忽略随着家庭教会而来的一连串问题，也不能不正视教会历史给我们的指引。就以哥林多教会来说，他

---

⑦ 参 Meeks, *The First Urban Christians* 30，75-76。

⑧ 参 Meeks, *The First Urban Christians* 77。

⑨ 参 Beker, *Suffering and Hope* 49。

们聚会的形式相信是以家庭教会为核心，然后再定期有整体性的聚会。从外在结构看来，是最完美不过的，但哥林多教会却是早期教会中产生最多问题的教会，他们分党分派（林前一 10～17，三 1～9），在伦理生活上，会友发生淫乱的事，而教会还引以为荣（林前五 1～8）。此外，一部分信徒走向纵欲主义，而另一部分又走向禁欲主义（林前十一 2～十四 40）。除了生活方式混乱之外，他们的头脑也同样混乱，哥林多教会的信徒虽然确信基督已经从死里复活，但是却不接受死人可以复活（林前十五 12～19）。此外，他们还挑战保罗的使徒身份（林后十～十三章）。保罗多次写信提醒教会，责备他们，甚至亲自探访教会，期望更正教会的错误，使他们改正过来，而教会亦似乎已经有悔改的迹象，不过，假如我们翻开革利免（Clement of Rome）在主后 96 年间写给哥林多教会的信，便会发觉教会依然故我，陷在分裂当中，当然，我们不能将教会的分裂完全归咎于家庭教会，但如果我们过分信赖家庭教会，存有不真实的幻想，这也是不健康的。顺带一提的是，早期教会的文献显示教会亦察觉到分党分派的问题实与家庭教会有关，故此安提阿主教伊格那丢多次提醒教会要一起聚会，不可以分开来敬拜神。[⑩] 换句话说，伊格那丢并不鼓励教会化整为零，以家庭教会的形式来聚会。[⑪]

　　总括来说，早期信徒以家庭教会的形式来聚集，只不过是一个历史事实和因时地制宜的做法。根据使徒行传有关保罗宣教旅程的记载，保罗每到一处地方，最先去传福音的地方是会堂。在以弗所，当会堂不再是理想的聚会地方时，保罗没有像在哥林多的时候一样，选择家庭作为聚会的地方（徒十八 5～7），他转往推喇奴的学房继续工作（徒十九9～12）。这一点说明家庭教会虽然是保罗事工的焦点，但绝不是唯一的聚会模式。不过，家庭教会的优点是可以肯定的，它帮助弟兄姊妹建立较亲切的关系，互相扶持，互相鼓励，有困难时彼此

---

⑩ 参 Cullmann，*Early Christian Worship* 10。作者在注二列出伊洛那丢在哪些地方发表过这些意见。

⑪ 有关 Clement of Rome 和 Ignatius of Antioch 著作的英译本，见 *Early Christian Literature：The Apostolic Fathers*，translated by M. Staniforth，Middlesex，Penguin Books，1968。

分担。但教会作为神国在地上的彰显，最重要的是能够向世界显明神的公义、大能和大爱，如果家庭教会不能满足这要求，反而成为一种阻力，甚至成为一种畏缩和纷争的助力，我们便需要以另一种形式的聚会去取代或补足。

（二）诺克斯丁反传统的看法

在绪论部分，我们分析了腓利门书的写作背景，其中介绍的是传统的看法，大体来说，获得大部分学者的支持和接受，对一般信徒来说，这也是对腓利门书最合理的解释。不过，在学术界永远有出人意表的事情发生的。1935 年，诺克斯丁(J. Knox)出版了一本书，名为 *Philemon among the Letters of Paul*。这是他同年在芝加哥大学完成他博士课程的论文，诺克斯丁后来成为芝加哥大学的教授，之后转任纽约协和神学院的教授。1959 年，增订版面世。而诺克斯丁对腓利门书的看法透过他在 1955 年出版一本为 The Interpreter's Bible 第九册所写的腓利门书导论及注释而为信徒广泛认知。

诺克斯丁在 *Philemon among the Letters of Paul* 一书中对腓利门书提出一个革命性的看法。依照他的解释，欧尼西慕的主人不是腓利门而是亚基布。而第二节"你家里"是指亚基布的家，第四节开始直到第廿二节，保罗只说"你"而不说"你们"，这"你"是指亚基布。再说，亚基布也的确住在歌罗西。

也许读者会问书中第一位收信人腓利门究竟是什么人？依照诺克斯丁的看法，腓利门是管理歌罗西及邻近教会的监督，他住在歌罗西附近的老底嘉。

保罗写腓利门书的目的是要亚基布原谅欧尼西慕，并且希望亚基布能让欧尼西慕自由地参加保罗的工作。为了达到这目的，保罗将这封信交给欧尼西慕先带往老底嘉请求腓利门，因为保罗想借助他的影响力去影响亚基布，然后再由腓利门带着欧尼西慕和这封信去歌罗西，在歌罗西教会中公开读出来，希望藉着群众的压力去影响亚基布，令他接纳保罗的请求。故此，在歌罗西书四章十六节，保罗说："你们也要念从老底嘉来的书信"，这就是指我们现有的腓利门书，因为腓利门把那封信从老底嘉带到歌罗西，所以称之为"老底嘉的那封信"。事实上，一般学者相信腓利门书与遗失了的老底嘉书是同一封信。此外，在歌罗西书四章十七节，保罗又特别地嘱咐歌罗西教会的人"要对亚基布说：

'务要谨慎,尽你从主所受的职分。'"这里所说的"职分",就是去原谅欧尼西慕,并且让他得回自由,使他可以帮助保罗作福音的工作。

无可否认,诺克斯丁对腓利门书的看法很有创见,此外,他对歌罗西书四章十七节提及的"职分"亦作出一个新的解释,而且按照他的理论,我们还找到学者一直认为是遗失了的老底嘉书。不过,他的理论至终不为学者接受。而这理论也实在有可批评的地方,就腓利门书的内容而言,在三个收信人中,腓利门是第一位,因此亦顺理成章是最重要的一位。这表示在整卷书信之中,保罗由始至终是对腓利门说话,故此按腓利门书第二和第三节的结构来看,很难接受整卷腓利门书是对亚基布说话。

在歌罗西书方面,亦有两点可以用来反对诺克斯丁的理论。首先,在歌罗西书四章十六节,保罗并不只是吩咐歌罗西教会要读老底嘉的来信,而是吩咐他们要交换两封信来念。诺克斯丁的理论,只可解释歌罗西教会,特别是亚基布,需要念从老底嘉来的书信,但却使我们不明白,为什么老底嘉教会的信徒,也需要读歌罗西书。此外,歌罗西书四章十七节所提及的"职分",很难被解释为是亚基布让欧尼西慕去参加保罗的福音工作。

最后,有学者指出,早于第二世纪的马吉安(约 A.D. 100－165)也把老底嘉书和腓利门书看为两卷书,换句话说,我们有证据相信在第二世纪的时候,老底嘉书和腓利门书被看为两卷不同的书信。基于上述几点,我们可以结论说,诺克斯丁的理论虽然很有创见,但仍有不少漏洞,使我们无法接纳。

（三）腓利门书（译文）

1 为基督耶稣被囚禁的保罗，和提摩太弟兄，写信给我们所爱的弟兄和同工腓利门，

2 和亚腓亚姊妹，并我们的战友亚基布，以及在你家里的教会。

3 恩惠、平安从我们的父神和主耶稣基督临到你们。

4 我每逢祷告记念你的时候，总感谢我的神，

5 因我经常听见你在众圣徒中有爱心和对主耶稣的信心；

6 我在祷告中求神使你因信仰的原故而作出慷慨的行动，会产生功效，使人可以知道在我们中间一切的善行，都是为基督作的。

7 弟兄啊！我感谢神，因为你的爱心使我得到很大的喜乐和鼓励；此外，我的喜乐和鼓励是因众圣徒的心藉着你得蒙舒畅。

8 基于上面所说的，我在基督里虽然可以放胆吩咐你应作的事，

9 不过，既然你是一个有爱心的人，我就宁愿请求你（况且我保罗已届中年，现在又是一个为基督耶稣被囚禁的人），

10 就是替我的儿子请求你，这儿子是我在监牢中所生的，他就是名字的意思是益处的欧尼西慕，

11 他从前对你没有什么益处，但现在无论对你对我都有益处。

12 我现在打发他回到你那里去；这个人，他是我所心爱的。

13 我本来想把他留在这里，使他在我为福音被囚禁时，可以替你服事我。

14 但还没有得到你的同意，我就不愿意这样作，好叫你这件善行不像是出于勉强，而是出于甘心。

15 也许这是神的心意，叫他暂时离开你，为了使你可以永远得着他，

16 不再当是奴仆，而是高过奴仆，是亲爱的弟兄。对我固然是这样，对你来说，不论按肉身或在主内的关系，更是这样。

17 所以，你要是把我看作伙伴，就接纳他好像接纳我一样。

18 如果他过往曾亏负了你，或是现在仍然欠你什么，都记在我的账上。

19 "我必偿还"，这是我保罗亲手写的，用不着我说，甚至你的生命，你

也是欠我的。

20 弟兄啊！让我在主里得到从你而来的益处，并使我的心在基督里得到畅快。

21 我深信你会顺服，也知道你所作的必超过我所说的，因此才写信给你。

22 同时，还请你为我预备住的地方，因为我盼望藉着你们的祷告，可以蒙神释放到你们那里去。

23 在基督耶稣里和我一同坐监的以巴弗，

24 以及我的同工马可，亚里达古，底马，路加，都问候你。

25 主耶稣基督的恩惠与你们的灵同在。

参考书目

　　参考书目共分四部分,分别为圣经、文法书及辞典、腓利门书注释书和其他书目。这些书籍文章都是笔者在注释腓利门书时用来作参考的。为了省却不必要的繁琐,在注脚中引用这些资料时,都采用了简短的名称;在参考书目内亦附有简称,方便读者查阅。至于引用的腓利门书经文,都是出自笔者的翻译;其他经文则引自和合本圣经。

圣经

Aland,K.,M. Black,C. M. Martini,B. M. Metzger and A. Wikgren (ed.), *The Greek New Testament*. New York:United Bible Society, 1975. (＝*GNT³*)

Aland,K.M. Black,C.M. Martini,B.M. Metzger and A. Wikgren(ed.), *Novum Testamentum Graece*. Stuttgart:Deutsche Bibelstiftung,1979. (＝ *N²⁶*)

The Bible Containing the Old and New Testaments:Revised Standard Version. Swindon:Bible Society,1976(＝*RSV*)

The Holy Bible:*New International Version*. Grand Rapids:Zondervan, 1978. (＝*NIV*)

New American Standard Bible. Philadelphia:A.J. Holman Company,1977. (＝*NASB*)

《新旧约全书》(香港,圣经公会,1919)。(＝和合)

《新约全书:新译本》(香港,中文圣经新译本委员会,1976)。(＝新译)

《圣经》(香港,思高圣经学会,1968)。(＝思高)

《圣经:现代中文译本》(香港,圣经公会,1980)。(＝现中)

《当代圣经》(香港,天道书楼,1979)。(＝当圣)

《圣经》(吕振中译,香港,圣经公会,1970)。(＝吕译)

《新旧约全书:文理和合译本》(上海,圣书公会,1931)。(＝文理)

《圣经：新标点和合本》(香港，联合圣经公会，1989)。(＝新标)
《新约圣书》(n. p.，圣书公会，1907)。(＝圣书)

文法书及辞典

Balz, H. and G. Schneider(ed.). *Exegetical Dictionary of the New Testament*. vol. 1. Grand Rapids: Eerdmans, 1990. (＝*EDNT*)

Bauer, W. *A Greek-English Lexicon of the New Testament and Other Early Christian Literature*. Transl. and adapted by W. F. Arndt, F. W. Gingrich, and F. W. Danker. Chicago: The University of Chicago Press, 1979. (＝*BAG*)

Blass, F. and A. Debrunner. *A Greek Grammar of the New Testament and Other Early Christian Literature*. Transl. and rev. by R. W. Funk. Chicago: The University of Chicago Press, 1961. (＝*BDF*)

Brown, C. (ed.). *The New International Dictionary of New Testament Theology*. 3 vols. Exeter: The Paternoster Press, 1975 - 1978. (＝*NIDNTT*)

Burton, E. D. *Syntax of the Moods and Tenses in New Testament Greek*. Edinburgh: T & T Clark, 1898.

Buttrick, G. A. et al. (ed.). *The Interpreter's Dictionary of the Bible: An Illustrated Encyclopedia*. 4 Vols. Nashville: Abingdon, 1962. Supplementary volume edited by K. Crim et al. Nashville: Abingdon, 1976. (＝*IDB*)

Dane, H. E. and J. R. Mantey. *A Manual Grammar of the Greek New Testament*. Toronto: Macmillan, 1955. (＝*Grammar*)

Douglas, J. D. (ed.). *The New Bible Dictionary*. London: IVP, 1962. (＝*NBD*)

Kittel, G. and G. Friedrich (ed.). *Theological Dictionary of the New Testament*. 10 vols. Grand Rapids: Eerdmans, 1964 - 1976. (＝*TDNT*)

Moule, C. F. D. *An Idiom Book of New Testament Greek*. Cambridge: Cambridge University Press, 1959. (＝*Idiom Book*)

Moulton, J. H. and N. Turner. *A Grammar of New Testament Greek*. 4 vols. Edinburgh: T & T Clark, 1908 - 1976. (＝Moulton, *Grammar*)

Moulton, W. F. and A. S. Geden (ed.). *A Concordance to the Greek Testament according to the Text of Westcott and Hort, Tischendort and the English Revisers*. Edinburgh: T & T Clark, 1978.

Rienecker, F. *Linguistic Key to the Greek New Testament*. Grand Rapids: Regency Reference Library, 1980. (＝*Linguistic Key*)

Robertson, A. T. *A Grammar of the Greek New Testament in the Light of Historical Research*. Nashville: Broadman Press, 1934. (= *Grammar*)

——. *Word Pictures in the New Testament*. 6 vols. Nashville: Broadman Press, 1930 – 1933. (= *Word Pictures*)

Zerwick, M. *Biblical Greek: Illustrated by Examples*. Rome: Pontificio Istituto Biblico, 1979. (= *Greek*)

Zerwick, W. and M. Grosvenor. *A Grammatical Analysis of the Greek New Testament*. 2 vols. Rome: Biblical Institute Press, 1974 – 1979.

《原文编号新约经文汇编》(香港,福音证主协会,1989)。

《新约希汉简明字典》(n. p. ,联合圣经公会,1989)。

《新约希腊文中文辞典》(n. p. ,浸宣出版社,1986)。

腓利门书注释书

Ashby, E. G. "Philemon," in F. F. Bruce (ed.), *The International Bible Commentary*. Grand Rapids: Zondervan, 1979, pp. 1498 – 1499.

Barclay, W. *The Letters to Timothy, Titus and Philemon: Translated, with Introductions and Interpretations*. Philadelphia: The Westminster Press, 1960.

Bruce, F. F. *The Epistles to the Colossians, to Philemon. and to the Ephesians*. NICNT. Grand Rapids: Eerdmans, 1984.

Caird, G. B. *Paul's Letters from Prison: Ephesians, Philippians, Colossians, Philemon*. Oxford: Oxford University Press, 1976.

Calvin, J. *Commentaries on the Epistles to Timothy, Titus, and Philemon*. Grand Rapids: Eerdmans, 1948.

Carson, H. M. *The Epistles of Paul to the Colossians and Philemon: An Introduction and Commentary*. TNTC. London: The Tyndale Press, 1960.

Dibelius, M. *An die Kolosser Epheser an Philemon*. HNT 12. Tübingen: J. C. B. Mohr, 1927.

Dunnam, M. D. *Galatians, Ephesians, Philippians. Colossians, Philemon*. CC 8. Waco: Word Books, 1982.

Ellicott, C. J. *A Critical and Grammatical Commentary on St. Paul's Epistles to the Philippians, Colossians, and to Philemon*. Andober: Warren F. Draper, 1868.

Erdman, C. R. *The Epistles of Paul to the Colossians and to Philemon: An Exposition*. Philadelphia: The Westminster Press, 1933.

Ernst, J. *Die Briefe an die Philipper, an Philemon, an die Kolosser, an die*

Epheser. *RNT*. n. p. : Friedrich Pustet Regensburg, 1974.

Fitzmyer, J. A. "The Letter to Philemon," in R. E. Brown, J. A. Fitzmyer and R. E. Murphy(ed.), *The Jerome Biblical Commentary*. Englewood Cliffs: Prentice-Hall, 1968, pp. 332 – 333.

Friedrich, G. et al. *Die Briefe an die Galater*, *Epheser*, *Philipper*, *Kolosser*. *Thessalonicher und Philemon*. *NTD* 8. Göttingen: Vandenhoeck & Ruprecht, 1976.

Getty, M. A. *Philippians and Philemon*. *NTM* 14. Wilmington: Michael Glazier, 1980.

Gnilka, J. *Der Philemonbrief*. *HTK* 10. 4. Freiburg: Herder, 1982.

Harris, M. J. *Colossians and Philemon*. *EGGNT*. Grand Rapid: Eerdmans, 1991.

Hendriksen, W. *Colossians and Philemon*. *NTC*. Edinburgh: The Banner of Truth Trust, 1964.

Houlden, J. L. *Paul's Letters from Prison*: *Philippians*, *Colossians*, *Philemon and Ephesians*. Middlesex: Penguin Books, 1970.

Knox, J. "The Epistle to Philemon," in G. A. Buttrick et al. (ed.), *The Interpreter's Bible*. vol. 11. Nashville: Abingdon Press, 1955, pp. 553 – 573.

Lehmann, R. *Épitre a Philémon*: *le Christianisme primitif et l'esclavage*. Genève: Éditions labor et fides, 1978.

Lenski, R. C. H. *The Interpretation of St. Paul's Epistles to the Colossians*, *to the Thessalonians*, *to Timothy*, *to Titus and to Philemon*. Minneapolis: Augsburg Publishing House, 1937.

Lightfoot, J. B. *Saint Paul's Epistles to the Colossians and to Philemon*: *A Revised Text with Introductions*, *Notes*, *and Dissertations*. London: Macmillan, 1904.

Lohse, E. *A Commentary on the Epistles to the Colossians and to Philemon*. Hermeneia. Philadelphia: Fortress, 1971.

Maclaren, A. *The Epistles of St. Paul to the Colossians and Philemon*. EB. London: Hodder & Stoughton, 1888.

Martin, R. P. *Colossians and Philemon*. NCBC. Grand Rapids: Eerdmans, 1973.

Metzger, B. M. A Textual Commentary on the New Testament. London: United Bible Society, 1975.

Meyer, H. A. W. *Critical and Exegetical Hand-Book to the Epistles to the Philippians and Colossians*, *and to Philemon*. New York: Funk & Wagnalis, 1885.

Moule, C. F. D. *The Epistles of Paul the Apostle to the Colossians and to Philemon*. CGTC. Cambridge: Cambridge University Press, 1957.

Muller, J. J. *The Epistles of Paul to the Philippians and to Philemon*. NIC-NT. Grand Rapids: Eerdmans, 1955.

O'Brien, P. T. *Colossians, Philemon*. WBC, 44. Waco: Word Books, 1982.

Oesterley, W. E. "The Epistle to Philemon," in W. R. Nicoll (ed.), *The Expositor's Greek Testament*. vol. 4. New York: Hodder & Stought, n. d., pp. 205 – 217.

Patzia, A. G. *Colossians, Philemon, Ephesians*. GNC. San Francisco: Harper & Row, 1984.

Rupprecht, A. A. "Philemon," in F. E. Gaebelein (ed.), *The Expositor's Bible Commentary*. vol. 11. Grand Rapids: Zondervan. 1978, pp. 451 – 464.

Scott, E. F. *The Epistles of Paul to the Colossians, to Philemon and to the Ephesians*. MNTC. London: Hodder & Stoughton, 1930.

Stuhlmacher, P. *Der Brief an Philemon*. EKK 18. Zürich: Benziger Verlag, 1981.

Suhl, A. *Der Brief an Philemon*. ZB. Zürich: Theologischer Verlag, 1981.

Vincent, M. R. A *Critical and Exegetical Commentary on the Epistles to the Philippians and to Philemon*. ICC. Edinburgh: T & T Clark, 1922.

Wright, N. T. *The Epistles of Paul to the Colossians and to Philemon: An Introduction and Commentary*. TNTC. Grand Rapids: Eerdmans, 1986.

石清州,《腓利门书》,见周联华编,《中文圣经注释[38]:帖撒罗尼迦前后书,提摩太前后书,提多书,腓利门书》(香港,基督教文艺出版社,1988),pp. 449 – 470。

陈终道,《腓立比、腓利门书讲义》(香港,宣道书局,1968)。

其他书目

Aguirre, R. "Early Christian House Churches," in *TD* 32(1985) 151 – 155. (= *House Churches*)

Bahr, G. J. "Paul and Letter Writing in the Fifth Century," in *CBQ* 28 (1966) 456 – 477. (= *Paul and Letter Writing*)

Barclay, J. M. G., "Paul, Philemon and the Dilemma of Christian Slave-Ownership", in *NTS* 37(1991) 161 – 186. (= *Paul*)

Bartchy, S. S. *First-Century Slavery and the Interpretation of 1 Corinthians 7: 21*. SBL DS 11. Atlanta, GA: Scholars Press, 1973. (= *Slavery*)

Beker, J. C. *Suffering and Hope: The Biblical Vision and the Human Predicament*. Philadelphia: Fortress, 1987.

Branick, V. *The House Church in the Writings of Paul*. ZS. Wilmington: Michael Glazier, 1989.

Bratcher, R. G. and E. A. Nida. *A Translator's Handbook on Paul's Letter to the Colossians and to Philemon*. HT 20. Stuttgart: United Bible Societies, 1977. (=*Translator's Handbook*)

Brown, R. E. *The Epistles of John*. AB 30. Garden City: Doubleday, 1982.

Bruce, F. F. "New Light on the Origins of the New Testament Canon," in R. N. Longenecker and M. C. Tenney(ed.), *New Dimensions in New Testament Study*. Grand Rapids: Zondervan, 1974, pp. 3 – 18. (=*Origins*).

——. *Paul: Apostle of the Heart Set Free*. Grand Rapids: Eerdmans, 1977.

Church, F. F. "Rhetorical Structure and Design in Paul's Letter to Philemon," in *HTR* 71(1978) 17 – 33. (=Structure)

Collins, R. F. "Apropos the Integrity of 1 Thess," in Collins, *Studies on the First Letter to the Thessalonians*. BETL 66. Leuven: Leuven University Press, 1984, pp. 96 – 135.

——. "House Churches in Early Christianity," in *Tripod* 55(1990) 38 – 44. ="早期基督宗教的家庭教会"《鼎》55(1990) 3 – 6. (=*House Churches*)

Cope, L. "On Rethinking the Philemon-Colossians Connection," in *BR* 30 (1985)45 – 50. (=Rethinking)

Craigie, P. C. *The Book of Deuteronomy*. NICOT. Grand Rapids: Eerdmans, 1976. (=*Deuteronomy*)

Cranfield, C. E. B. *A Critical and Exegetical Commentary on the Epistle to the Romans*. 2 vols. ICC. Edinburgh: T & T Clark, 1975 – 1979. (=*Romans*)

Cullmann, O. *Early Christian Worship*. SBT 10. London: SCM, 1953.

Daube, D. "Onēsimos," in *HTR* 79(1986) 40 – 43.

Derrett, J. D. M. "The Functions of the Epistle to Philemon," in *ZNW* 79 (1988) 63 – 91. (=Functions)

Dodd, C. H. "The Mind of Paul: I," in Dodd, *New Testament Studies*. Manchester: Manchester University Press, 1953, pp. 67 – 82. (=Mind: I)

Doty, W. G. *Letters in Primitive Christianity*. GB. Philadelphia: Fortress, 1973. (=*Letters*)

Elliott, J. H. "Philemon and House Churches," in *BT* 22(1984) 145 – 150.

Ellis, E. E. *"Paul and His Co-Workers,"* in *NTS* 17(1970 – 71) 437 – 452. (=

Paul)

Filson, F. V. "The Significance of the Early House Churches." in *JBL* 58 (1939) *105 - 112*. (= *Early House Churches*)

Fitzmyer, J. A. *The Gospel According to Luke*. 2 vols. AB 28 - 28a. Garden City: Doubleday, 1981 - 1985.

Fung, R. Y. K. *The Epistle to the Galatians*. NICNT Grand Rapids: Eerdmans, 1988. (= *Galatians*)

Getty, M. A. "The Letter to Philemon," in *BT* 22(1984) 137 - 144. (= *Letter*)

———. "The Theology of Philemon," in *SBL* 1987 Seminar Papers, pp. 503 - 508. (= *Theology*)

Goodenough, E. R. "Paul and Onesimus," in *HTR* 22(1929)181 - 183.

Guthrie, D. *New Testament Introduction*. London: IVP, 1970. (= *Introduction*)

Harrison, P. N. "Onesimus and Philemon," in *ATR* 32(1950) 268 - 294.

Hays, R. B. , "Crucified with Christ: A Synthesis of the Theology of 1 and 2 Thessalonians, Philemon, Philippians, and Galatians," in J. M. Bassler (ed.), *Pauline Théology [1]: Thessalonians, Philippians, Galatians, Philemon*. Minneapolis: Fortress Press, 1991, pp. 227 - 246.

Hemer, C. J. , "The Name of Paul," in *TB* 36(1985)179 - 183. (= *Name*)

Holmberg, B. *Paul and Power: The Structure of Authority in the Primitive Church as Reflected in the Pauline Epistles*. Lund: Studentlitteratur AB, 1978.

Horsley, G. H. R. *New Documents Illustrating Early Christianity*. 5 vols. North Ryde: Macquarie University, 1981 - 1989. (= *New Documents*)

Jónsson, J. *Humour and Irony in the New Testament: Illuminated by Parallels in Talmud and Midrash*. BZRG 28. Leiden: E. J. Brill, 1985. (= Humour)

Knox, J. *Philemon among the Letters of Paul: A New View of Its Place and Importance*. New York: Abingdon Press, 1959. (= *Philemon*)

Kümmel, W. G. *Introduction to the New Testament*. London: SCM, 1975. (= Introduction)

Longenecker, R. N. "Ancient Amanuenses and the Pauline Epistles," in Longenecker and M. C. Tenney(ed.), *New Dimensions in New Testament Study*. Grand Rapids: Zondervan, 1974, pp. 281 - 297. (= *Ancient Amanuenses*)

Malherbe, A. J. "A Physical Description of Paul," in Malherbe, *Paul and*

the Popular Philosophers. Philadelphia: Fortress, 1989, pp. 165 – 170.
(=*Description*)

——. *Social Aspects of Early Christianity*. Baton Rouge: Louisiana State University Press, 1977. (=*Social Aspects*)

Marshall, I. H. "Church and Temple in the New Testament," in *TB* 40 (1989) 203 – 222.

Martin, C. J. "The Rhetorical Function of Commercial Language in Paul's Letter to Philemon (Verse 18)," in D. F. Watson (ed.), *Persuasive Artistry: Studies in New Testament Rhetoric in Honor of George A. Kennedy*. *JSNT* SS 50. Sheffield: JSOT, 1991, pp. 321 – 337. (=*Function*)

McDermott, M. "The Biblical Doctrine of KOIN Ω NIA," in *BZ* 19(1975) 64 – 77, 219 – 233.

Meeks, W. A. *The First Urban Christians: The Social World of the Apostle Paul*. New Haven: Yale University Press, 1983.

Minear, P. S. *The Obedience of Faith: The Purposes of Paul in the Epistle to the Romans*. *SBT* 19. London: SCM, 1971.

Morgenthaler, R. Statistik des neutestamentlichen Wortschatzes. Zürich: Gotthelf, 1958. (=*Statistik*)

Moule, C. F. D. *Worship in the New Testament*, ESW 9. Richmond: John Knox Press, 1961. (=*Worship*)

O'Brien, P. T. *Introductory Thanksgivings in the Letters of Paul*. NT Supp 49. Leiden: E. J. Brill, 1977. (=*Thanksgivings*)

Osiek, C. "Slavery in the New Testament," in *BT* 22(1984) 151 – 155. (=*Slavery*)

Pentecost, J. D. "Paul the Prisoner — Part I: An Exposition of Philemon," in *BS* 129(1972) 134 – 141.

——. "Grace for the Sinner — Part II: An Exposition of Philemon 4 – 7," in *BS* 129(1972) 218 – 225.

——. "For Love's Sake — Part III : An Exposition of Philemon 8 – 11," in *BS* 129(1972) 344 – 351.

——. "Studies in Philemon — Part IV: Charge that to my account," in *BS* 130(1973) 50 – 57.

——. "Studies in Philemon — Part V: The Obedience of a Son," in *BS* 130 (1973) 164 – 170.

——. "Studies in Philemon — Part VI: Able to keep you," in *BS* 130(1973) 250 – 257.

Petersen, N. R. *Rediscovering Paul: Philemon and the Sociology of Paul's*

Narrative World. Philadelphia: Fortress, 1985. (=*Rediscovery Paul*)

Pfitzner, V. C. *Paul and the Agon Motif*: *Traditional Athletic Imagery in the Pauline Literature*. NT Supp 16. Leiden: E. J. Brill, 1967.

Plummer, A. *A Critical and Exegetical Commentary on the Second Epistle of St. Paul to the Corinthians*. ICC. Edinburgh: T & T Clark, 1951. (=*II Corinthians*)

Prat, F. *The Theology of Saint Paul*. vol. 1. London: Burns Oates and Washbourne, 1926.

Preiss, T. *Life in Christ*. SBT 13. Chicago: Alec R Allenson, Inc., 1954. (=*Life*)

Rapske, B. M. "The Prisoner Paul in the Eyes of Onesimus," in *NTS* 37 (1991) 187 – 203.

Reicke, B. "Caesarea, Rome and the Captivity Epistles," in W. W. Gasque and R. P. Martin(ed.), *Apostolic History and the Gospel*: *Biblical and Historical Essays presented to F. F. Bruce on his 60th Birthday*. Grand Rapids: Eerdmans, 1970, pp. 277 – 280. (=*Caesarea*)

Riesenfeld, H. "Faith and Love Promoting Hope: An Interpretation of Philemon v. 6," in M. D. Hooker and S. G. Wilson(ed.), *Paul and Paulinism*: *Essays in Honour of C. K. Barrett*. London: SPCK, 1982, pp. 251 – 257.

Ridderbos, H. *Paul*: *An Outline of His Theology*. Grand Rapids: Eerdmans, 1975.

Robinson, J. A. T. *Redating the New Testament*. London: SCM, 1976. (=*Redating*)

Schütz, J. H. *Paul and the Anatomy of Apostolic Authority*. SNTS MS 26. Cambridge: Cambridge University Press, 1975. (=*Paul*)

Tomson, P. J. *Paul and the Jewish Law*: *Halakha in the Letters of the Apostle to the Gentiles*. CRINT 3/1. Minneapolis: Fortress, 1990. (=*Paul*)

Van Elderen, B. "Some Archaeological Observations on Paul's First Missionary Journey," in W. W. Gasque and R. P. Martin (ed.), *Apostolic History and the Gospel*: *Biblical and Historical Essays presented to F. F. Bruce on his 60th Birthday*. Grand Rapids: Eerdmans, 1970, pp. 151 – 161. (=*Archaeological Observations*)

Van Unnik, W. C. "The Christian's Freedom of Speech in the New Testament," in *Sparsa Collecta*: *The Collected Essays of W. C. Van Unnik*. vol. 2. Leiden: E. J. Brill, 1980, pp. 269 – 289. (=*Freedom of Speech*)

Wedderburn, A. J. M. "Some Observations on Paul's Use of the Phrases 'In

Christ' and 'With Christ'," in *JSNT* 25 (1985) 83 - 97. (= *Observations*)

Whiteley, D. E. H. *The Theology of St. Paul*. Philadelphia: Fortress, 1966. (= *Paul*)

Wiles, G. P. *Paul's Intercessory Prayers: The Significance of the Intercessory Prayer Passages in the Letter of St. Paul*. SNTS MS 24. Cambridge: Cambridge University Press, 1974.

Winter, S. B. C. "Paul's Letter to Philemon," in *NTS* 33 (1987) 1 - 15. (= *Letter*)

——. "Methodological Observations on a New Interpretation of Paul's Letter to Philemon," in *USQR* 39(1984) 203 - 212.

Wright, N. T. *The Climax of the Covenant: Christ and the Law in Pauline Theology*. Edinburgh: T & T Clark, 1991.

——. "Putting Paul Together Again: toward a Synthesis of Pauline Theology (1 and 2 Thessalonians, Philippians, and Philemon)," in J. M. Bassler (ed.), *Pauline Theology [1]: Thessalonians, Philippians, Galatians, Philemon*. Minneapolis: Fortress Press, 1991, pp. 183 - 211.

冯荫坤,《真理与自由:加拉太书注释》(香港,福音证主协会出版部,1982)。

——.《腓立比书注释》(香港,天道书楼,1987)。(=腓立比书)

——.《帖撒罗尼迦前书注释》(香港,天道书楼,1989)。(=帖撒罗尼迦前书)

鲍会园,《歌罗西书注释》(香港,天道书楼,1980)。(=歌罗西书)

史丹理基金公司　识

　　1963 年菲律宾史丹理制造公司成立后，由于大多数股东为基督徒，大家愿意把公司每年盈利的十分之一奉献，分别捐助神学院、基督教机构，以及每年圣诞赠送礼金给神职人员，史丹理制造公司也因此得到大大祝福。

　　1978 年容保罗先生与笔者会面，提起邀请华人圣经学者著写圣经注释的建议，鼓励笔者投入这份工作。当时笔者认为计划庞大，虽内心深受感动，但恐心有余而力不足，后来决定量力而为，有多少资金就出版多少本书。出版工作就这样开始了。

　　1980 年 11 月，由鲍会园博士著作的歌罗西书注释交给天道书楼出版，以后每年陆续有其他经卷注释问世。

　　1988 年史丹理制造公司结束二十五年的营业。股东们从所售的股金拨出专款成立史丹理基金公司，除继续资助多项工作外，并决定全力支持天道书楼完成出版全部圣经注释。

　　至 2000 年年底，天道书楼已出版了三十六本圣经注释，其他大半尚待特约来稿完成。笔者鉴于自己年事已高，有朝一日必将走完人生路程，所牵挂的就是圣经注释的出版尚未完成。如后继无人，将来恐难完成大功，则功亏一篑，有负所托。为此，于 2001 年春，特邀请天道书楼四位董事与笔者组成一小组，今后代表史丹理基金公司与天道书楼负责人共同负起推动天道圣经注释的出版工作，由许书楚先生及姚冠尹先生分别负起主席及副主席之职，章肇鹏先生、郭志权先生、施熙礼先生出任委员。并邀请容保罗先生担任执行秘书，负责联络，使出版工作早日完成。

　　直至 2004 年，在大家合作推动下，天道圣经注释已出版了五十一册，余下约三十册希望在 2012 年全部出版刊印。

　　笔者因自知年老体弱，不便舟车劳顿，未能按时参加小组会议。为此，特于 6 月 20 日假新加坡召开出版委员会，得多数委员出席参加。愚亦于会中辞去本兼各职。并改选下列为出版委员会委员——主席：

姚冠尹先生；副主席：施熙礼先生；委员：郭志权博士、章肇鹏先生、容保罗先生、楼恩德先生；执行秘书：刘群英小姐——并议定今后如有委员或秘书出缺，得由出版小组成员议决聘请有关人士，即天道书楼董事，或史丹理基金公司成员担任之。

至于本注释主编鲍会园博士自 1991 年起正式担任主编，多年来不辞劳苦，忠心职守，实令人至为钦敬。近因身体软弱，敝委员会特决议增聘邝炳钊博士与鲍维均博士分别担任旧、新约两部分编辑，辅助鲍会园博士处理编辑事项。特此通告读者。

至于今后路线，如何发展简体字版，及配合时代需求，不断修订或以新作取代旧版，均将由新出版委员会执行推动之。

许书楚　识
2004 年　秋

天道圣经注释出版纪要

由华人圣经学者来撰写一套圣经注释，是天道书楼创立时就有的期盼。若将这套圣经注释连同天道出版的《圣经新译本》、《圣经新辞典》和《天道大众圣经百科全书》摆在一起，就汇成了一条很明确的出版路线——以圣经为中心，创作与译写并重。

过去天道翻译出版了许多英文著作；一方面是因译作出版比较快捷，可应急需，另一方面，英文著作中实在有许多堪称不朽之作，对华人读者大有裨益。

天道一开始就大力提倡创作，虽然许多华人都谦以学术研究未臻成熟，而迟迟未克起步，我们仍以"作者与读者同步迈进"的信念，成功地争取到不少处女作品；要想能与欧美的基督教文献等量齐观，我们就必须尽早放响起步枪声。近年来看见众多作家应声而起，华文创作相继涌现，实在令人兴奋；然而我们更大的兴奋仍在于寄望全套"天道圣经注释"能早日完成。

出版整套由华人创作的圣经注释是华人基督教的一项创举，所要动员的人力和经费都是十分庞大的；对于当年只是才诞生不久的天道书楼来说，这不只是大而又难，简直就是不可能的事。但是强烈的感动一直催促着，凭着信念，下定起步的决心，时候到了，事就这样成了。先有天道机构名誉董事许书楚先生，慨允由史丹理基金公司承担起"天道圣经注释"的全部费用，继由鲍会园博士以新作《歌罗西书注释》（后又注有《罗马书》上下卷，《启示录》）郑重地竖起了里程碑（随后鲍博士由1991年起正式担任全套注释的主编），接着有唐佑之博士（《约伯记》上下卷，《耶利米哀歌》）、冯荫坤博士（《希伯来书》上下卷，《腓立比书》，《帖撒罗尼迦前书》，《帖撒罗尼迦后书》）、邝炳钊博士（《创世记》一二三四五卷，《但以理书》）、曾祥新博士（《民数记》，《士师记》）、詹正义博士（《撒母耳记上》一二卷）、区应毓博士（《历代志上》一二卷，《历代志下》，《以斯拉记》）、洪同勉先生（《利未记》上下卷）、黄朱伦博士（《雅歌》）、张永信博士（《使徒行传》一二三卷，《教牧书信》）、张略博士（与张永信博士合著《彼得前书》,《犹大书》)、刘少平博士(《申命记》上下卷,《何西阿书》,《约珥书》,《阿摩司书》)、梁康民先生(《雅各书》)、黄浩仪博士(《哥林多前书》上卷,《腓利门书》)、梁薇博士(《箴言》)、张国定博士(《诗篇》一二三四卷)、邵晨光博士(《尼希米记》)、陈济民博士(《哥林多后书》)、赖建国博士(《出埃及记》上下卷)、李保罗博士(《列王纪》一二三四卷)、钟志邦博士(《约翰福音》上下卷)、周永健博士(《路得记》)、谢慧儿博士(《俄巴底亚书》,《约拿书》)、梁洁琼博士(《撒母耳记下》)、吴献章博士(《以赛亚书》三四卷)、叶裕波先生(《耶利米书》上卷)、张达民博士(《马太福音》)、戴浩辉博士(《以西结书》)、鲍维均博士(《路加福音》上下卷)、张玉明博士(《约书亚记》)、蔡金玲博士(《以斯帖记》,《撒迦利亚书》,《玛拉基书》)、吕绍昌博士(《以赛亚书》一二卷)、邝成中博士(《以弗所书》)、吴道宗博士(《约翰一二三书》)、叶雅莲博士(《马可福音》)、岑绍麟博士(《加拉太书》)、胡维华博士(《弥迦书》,《那鸿书》)、沈立德博士(《哥林多前书》下卷)、黄天相博士(《哈巴谷书》,《西番雅书》,《哈该书》)等等陆续加入执笔行列,他们的心血结晶也将一卷一卷地先后呈献给全球华人。

当初单纯的信念,已逐渐看到成果;这套丛书在20世纪结束前,完成写作并出版的已超过半数。同时,除了繁体字版正积极进行外,因着阅读简体字读者的需要,简体字版也逐册渐次印发。全套注释可望在21世纪初完成全部写作及出版;届时也就是华人圣经学者预备携手迈向全球,一同承担基督教的更深学术研究之时。

由这十多年来"天道圣经注释"的出版受欢迎、被肯定,众多作者和工作人员协调顺畅、配合无间,值得我们由衷地献上感谢。

为使这套圣经注释的出版速度和写作水平可以保持,整个出版工作的运转更加精益求精,永续出版的经费能够有所保证,1997年12月天道书楼董事会与史丹理基金公司共同作出了一些相关的决定:

虽然全套圣经六十六卷的注释将历经三十多年才能全部完成,我们并不以此为这套圣经注释写作的终点,还要在适当的时候把它不断地修订增补,或是以新著取代,务希符合时代的要求。

天道书楼承诺负起这套圣经注释的永续出版与修订更新的责任,由初版营收中拨出专款支应,以保证全套各卷的再版。史丹理基金公司也成立了圣经注释出版小组，由许书楚先生、郭志权博士、姚冠尹先生、章肇鹏先生和施熙礼先生五位组成，经常关心协助实际的出版运作，以确保尚未完成的写作及日后修订更新能顺利进行。该小组于2004年6月假新加坡又召开了会议，许书楚先生因年事已高并体弱关系，退居出版小组荣誉主席，由姚冠尹先生担任主席，施熙礼先生担任副主席，原郭志权博士及章肇鹏先生继续担任委员，连同小弟组成新任委员会，继续负起监察整套注释书的永续出版工作。另外，又增聘刘群英小姐为执行秘书，向委员会提供最新定期信息，辅助委员会履行监察职务。此外，鉴于主编鲍会园博士身体于年初出现状况，调理康复需时，委员会议决增聘邝炳钊博士及鲍维均博士，并得他们同意分别担任旧约和新约两部分的编辑，辅助鲍会园博士处理编辑事宜。及后鲍会园博士因身体需要，退任荣誉主编，出版委员会诚邀邝炳钊博士担任主编，曾祥新博士担任旧约编辑，鲍维均博士出任新约编辑不变，继续完成出版工作。

　　21世纪的中国，正在走向前所未有的开放道路，于各方面发展的迅速，成了全球举世瞩目的国家。国家的治理也逐渐迈向以人为本的理念，人民享有宗教信仰自由，全国信徒人数不断增多。大学学府也纷纷增设了宗哲学学科和学系，扩展国民对宗教的了解和研究。这套圣经注释在中国出版简体字版，就是为着满足广大人民在这方面的需要。深信当全套圣经注释完成之日，必有助中国国民的阅读，走在世界的前线。

容保罗　识
2011年　春

图书在版编目(CIP)数据

"天道圣经注释"系列

主编/邝炳钊　旧约编辑/曾祥新　新约编辑/鲍维钧

腓利门书注释/黄浩仪著.—上海:上海三联书店,2023.12 重印

ISBN 978 - 7 - 5426 - 5720 - 6

Ⅰ.①腓… Ⅱ.①黄… Ⅲ.①《圣经》-注释 Ⅳ.①B971.2

中国版本图书馆 CIP 数据核字(2016)第 251284 号

腓利门书注释

著　　者 / 黄浩仪

策　　划 / 徐志跃

责任编辑 / 邱　红

特约编辑 / 徐　艳

装帧设计 / 鲁继德

监　　制 / 姚　军

责任校对 / 张大伟

出版发行 / 上海三联书店

　　　　　(200030)中国上海市漕溪北路 331 号 A 座 6 楼

邮　　箱 / sdxsanlian@sina.com

邮购电话 / 021 - 22895540

印　　刷 / 上海惠敦印务科技有限公司

版　　次 / 2017 年 8 月第 1 版

印　　次 / 2023 年 12 月第 4 次印刷

开　　本 / 890mm × 1240mm　1/32

字　　数 / 95 千字

印　　张 / 4.375

书　　号 / ISBN 978 - 7 - 5426 - 5720 - 6/B · 497

定　　价 / 35.00 元

敬告读者,如发现本书有质量问题请与印刷厂联系 021 - 63779028